KB214849

BIBLE in Hand 교양인을 위한 성경

신약 | 사도행전

행진,
담대하게 거침없이

해제 **권연경**

봄이다
프로젝트

해제 **권연경** | 숭실대학교 기독교학과 교수

서울대학교 영어영문학과를 졸업하고, 풀러신학교(M.Div.)와
예일대학교 신학부(S.T.M.)를 거쳐 런던대학교 킹스칼리지에서
박사학위(Ph.D.)를 받았다. 현재 숭실대학교 기독교학과 교수로 재직하고 있으며,
기독연구원 느헤미야 연구위원을 맡고 있다. 지은 책으로는 〈위선〉(IVP),
〈로마서 산책〉〈갈라디아서 산책〉(복있는사람),
〈행위 없는 구원?〉〈네가 읽는 것을 깨닫느뇨?〉(이상 SFC출판부),
〈갈라디아서 어떻게 읽을 것인가〉(성서유니온),
〈로마서 13장 다시 읽기〉(뉴스앤조이) 등이 있으며, 〈일상, 부활을 살다〉(복있는사람),
〈IVP 성경신학사전〉〈예수의 정치학〉(이상 IVP, 공역),
〈기독교와 문학〉(크리스천다이제스트) 등을 우리말로 옮겼다.

신약 | 사도행전

행진,
담대하게 거침없이

01

이 책에 사용된 한글 번역본은 대한성서공회의 허락을 받아 〈성경전서 새번역〉(2001년)을 사용했습니다.

기독교 성서를 번역, 출판, 반포하는 대한성서공회는 〈성경전서 새번역〉에 대해 "원문의 뜻을 우리말 독자들이 이해할 수 있도록 정확하게 번역하고, 쉬운 현대어로, 우리말 어법에 맞게, 한국교회에서 사용할 수 있도록 번역된 성경"이며, "번역이 명확하지 못했던 본문과 의미 전달이 미흡한 본문은 뜻이 잘 전달되도록 고쳤다. 할 수 있는 대로 번역어투를 없애고, 뜻을 우리말로 표현하려고 노력했다. 그러나 신학적으로 중요한 본문에서는 원문을 그대로 반영하려고 노력했다. 대화문에서는 현대 우리말 존대법을 적용했다"고 밝히고 있습니다.

02

성경 본문 하단은 성경을 읽으면서 생기는 궁금한 내용에 대해 질문과 해제 형식으로 담아냈습니다. 질문은 편집부에서 만들고, 해제는 구약성경은 김근주 교수(기독연구원 느헤미야), 신약성경은 권연경 교수(숭실대 기독교학과)가 맡았습니다.

성경 본문입니다

장을 말합니다

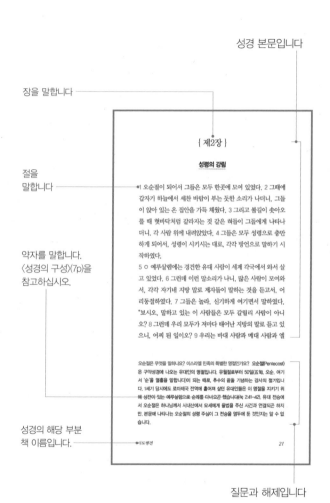

{ 제2장 }

성령의 강림

절을
말합니다

1 오순절이 되어서 그들은 모두 한곳에 모여 있었다. 2 그때에 갑자기 하늘에서 세찬 바람이 부는 듯한 소리가 나더니, 그들이 앉아 있는 온 집안을 가득 채웠다. 3 그리고 불길이 솟아오르 때 혓바닥처럼 갈라지는 것 같은 혀들이 그들에게 나타나더니, 각 사람 위에 내려앉았다. 4 그들은 모두 성령으로 충만하게 되어서, 성령이 시키시는 대로, 각각 방언으로 말하기 시작하였다.

약자를 말합니다.
〈성경의 구성〉(7p)을
참고하십시오.

5 ○ 예루살렘에는 경건한 유대 사람이 세계 각국에서 와서 살고 있었다. 6 그런데 이런 말소리가 나니, 많은 사람이 모여와서, 각각 자기네 지방 말로 제자들이 말하는 것을 듣고서, 어리둥절하였다. 7 그들은 놀라, 신기하게 여기면서 말하였다. "보시오. 말하고 있는 이 사람들은 모두 갈릴리 사람이 아니오? 8 그런데 우리 모두가 저마다 태어난 지방의 말로 듣고 있으니, 어찌 된 일이오? 9 우리는 바대 사람과 메대 사람과 엘

오순절은 무엇을 말하나요? 이스라엘 민족의 특별한 명절인가요? **오순절**(Pentecost)은 구약성경에 나오는 유대인의 명절입니다. 유월절로부터 50일(표7회, 오순. 여기서 '순'을 열흘을 말합니다)이 되는 때로, 추수의 끝을 기념하는 감사의 절기입니다. 1세기 당시에도 로마제국 전역에 흩어져 살던 유대인들은 이 명절을 지키기 위해 성전이 있는 예루살렘으로 순례를 다녀오곤 했습니다(눅 2:41-42). 유대 전승에서 오순절은 하나님께서 시내산에서 모세에게 율법을 주신 시간과 연결되곤 하지만, 본문에 나타나는 오순절의 성령 주심이 이 전승을 염두에 둔 것인지는 알 수 없습니다.

성경의 해당 부분
책 이름입니다.

사도행전

질문과 해제입니다

성경, 구약 39권 + 신약 27권

성경은 한 권의 책이 아닙니다. 기원전 1천 년 전부터 기원후
2세기에 이르기까지 아주 긴 시간 동안 쓰여진 다양한 책들의
묶음입니다. 성경은 66권의 책으로 구성되어 있습니다. 그 책
들은 저자도, 내용도, 형식도, 분량도 모두 다릅니다. 성경은
크게 구약과 신약으로 구분되며, 구약은 39권, 신약은 27권으
로 구성되어 있습니다.
또 성경에는 여러 종류의 번역판이 있는데, 이 책은 대한성서
공회가 최근에 번역해 출간한 〈성경전서 새번역〉(2001년)을
채택하고 있습니다.

성경의 구성

구약

율법서 { 창세기(창) 출애굽기(출) 레위기(레) 민수기(민) 신명기(신)

역사서 〔 여호수아기(수) 사사기(삿) 룻기(룻) 사무엘기상(삼상)

　　　　　사무엘기하(삼하) 열왕기상(왕상) 열왕기하(왕하) 역대지상(대상)

　　　　　역대지하(대하) 에스라기(라) 느헤미야기(느) 에스더기(더)

시가서 { 욥기(욥) 시편(시) 잠언(잠) 전도서(전) 아가(아)

대선지서 〔 이사야서(사) 예레미야서(렘) 예레미야 애가(애) 에스겔서(겔)

　　　　　다니엘서(단)

소선지서 〔 호세아서(호) 요엘서(욜) 아모스서(암) 오바댜서(옵) 요나서(욘)

　　　　　미가서(미) 나훔서(나) 하박국서(합) 스바냐서(습) 학개서(학)

　　　　　스가랴서(슥) 말라기서(말)

신약

복음서 { 마태복음서(마) 마가복음서(막) 누가복음서(눅) 요한복음서(요)

역사서 { 사도행전(행)

바울서신 〔 로마서(롬) 고린도전서(고전) 고린도후서(고후)

　　　　　갈라디아서(갈) 에베소서(엡) 빌립보서(빌) 골로새서(골)

　　　　　데살로니가전서(살전) 데살로니가후서(살후)

　　　　　디모데전서(딤전) 디모데후서(딤후) 디도서(딛) 빌레몬서(몬)

공동서신 〔 히브리서(히) 야고보서(약) 베드로전서(벧전) 베드로후서(벧후)

　　　　　요한1서(요일) 요한2서(요이) 요한3서(요삼) 유다서(유)

예언서 { 요한계시록(계)

　　　　※괄호 안은 각 책을 줄여서 표기할 때 쓰는 약자입니다.

사도행전

Acts

땅끝까지 이어지는
복음의 선포 담아낸
최초의 교회 역사

사도행전은 교회에 관한 원형적 이야기로서 의미를 갖습니다.
시대는 많이 달라졌지만, 이 책이 보여주는 복음 이야기,
그리고 그 복음을 품고 살았던 첫 신자들의 삶은
오늘 우리가 귀담아듣고 곱씹어야 할 소중한 이야기입니다.

또 다른 이름, 성령행전이라 불리는 이유

사도행전(使徒行傳, Acts of the Apostles)은 이름 그대로 사도들의 행적을 기록한 글입니다. 다양한 인물들이 등장하지만, 핵심 주인공은 전반부에서는 예루살렘의 사도들이고 후반부에서는 이방인에게 나아갔던 사도 바울입니다.

교회 전승에서 누가(Luke)라고 알려진 이 책의 저자는 누가복음에서는 나사렛 예수의 행적을, 그리고 사도행전에서는 그분의 제자들인 사도들의 행적을 주제로 삼아 하나의 큰 이야기를 엮어냅니다. 그런 점에서 사도행전은 최초의 교회 역사입니다. 예수님의 승천 이후 어떻게 교회가 형성되고 발전해갔는지, 그리고 어떤 과정을 거쳐 복음이 로마제국 전역으로 퍼져갔는지를 상세하게 들려줍니다. 저자는 분명한 역사적 의도를 갖고 글을 썼습니다. 우리에게는 이 시기에 관한 유일한 역사 기록인 셈입니다.

물론 소위 차분하고 균형 잡힌 역사는 아닙니다. 중요한 지역이 생략되기도 하고(예, 팔레스타인의 갈릴리와 아프리카 지역의 선교), 다루어진 이야기 속에서도 특정 상황만 부각되어 사태의 전모를 알기 어려울 때도 많습니다. 이는 저자 나름의 선명한 저술 의도를 가졌기 때문입니다. 이 책의 일관된 관심은 성령의 능력을 힘입은 사도들이 당당하게 복음을 선포하는 모습, 그리고 그들의 선포를 통해 복음이 '예루살렘과 온 유대 사도행전은 최초의 교회 역사입니다. 예수님의 승천 이후 어떻게 교회가 형성되고 발전해갔는지, 그리고 어떤 과정을 거쳐 복음이 로마제국 전역으로 퍼져갔는지를 상세하게 들려줍니다. 저자는 분명한 역사적 의도를 갖고 글을 썼습니다. 우리에게는 이 시기에 관한 유일한 역사 기록인 셈입니다.

와 사마리아에서 땅끝까지' 퍼져가는 과정을 그려내는 것이고(행 1:8), 최종적으로는 이런 이야기를 통해 복음이 참된 진리임을 독자들이 더 분명히 알도록 하는 것입니다(눅 1:1-4). 그래서 사도행전은 종종 '성령행전'이라 불리기도 합니다.

예수님의 승천 후, 그리고 바울과 제자들

이 책은 예수님께서 제자들을 떠나 승천하신 후(1장), 예루살렘에서 제자들이 성령을 받고 예수 부활의 복음을 선포하는 이야기에서 시작해(2장), 유대교와 사회 지도자들의 박해에도 굴하지 않고 예루살렘에서 예수의 복음이 강하게 퍼져가는 이야기로 이어집니다(3–5장). 그 이후 교회 내 문화적, 언어적 차이로 인한 갈등이 계기가 되어 헬라파 신자들이 핵심 세력으로 등장하는 이야기(6–7장), 그리고 복음이 주변의 유대 지역으로 퍼져가는 과정이 소개된 후(8장), 사울의 회심(9장)과 고넬료의 회심(10–11장)을 통해 본격적으로 이방인 선교를 위한 준비가 이루어집니다. 이어서 예루살렘의 상황을 마지막으로 소개한 후(12장), 안디옥을 배경으로 한 아시아 지역의 선교 이야기가 전개됩니다(13–14장).

그다음에는 할례와 관련된 논쟁을 해결하기 위한 회의 장면 및 바울과 바나바의 결별 이야기(15장), 그리고 마케도니아를 필두로 유럽과 아시아를 오가며 선교하는 바울의 이야기가 나타납니다(16–20장). 그 뒤 바울은 예루살렘으로 돌아와 죄수 신분이 되고, 예루살렘과 가이사랴에서 2년 가까이 재판을 받다가 황제에게 상소해 로마로 가게 됩니다(21–26장). 지중해 뱃길에서 파선의 위험을 겪지만(27장), 결국 로마에 도착한 바울이 가택 연금 상태에서 재판을 기다리며 당당하게 복음을 전하는 장면으로 이야기는 마무리됩니다(28장).

지금도 계속되는 사도행전 이야기

사도행전은 신약성경의 두 부분을 연결하는 고리와 같습니다. 예수님의 승천 이후 교회의 탄생과 성장 과정을 소개하는 이 책이 보여주는 복음 이야기, 그리고 그 복음을 품고 살았던 첫 신자들의 삶은 오늘 우리가 귀담아듣고 곱씹어야 할 소중한 이야기입니다. 피상적인 모방이나 섣부른 주장을 위해서가 아니라, 우리 삶 속에 역사하는 복음의 능력을 생각하고, 그 복음을 따라 살아가는 삶의 의미를 깨우치기 위해서입니다.

사도행전은 예수님의 이야기를 기록한 네 개의 복음서, 그리고 초대교회 공동체를 배경으로 작성된 여러 사도들의 편지들, 이 사이를 하나의 이야기로 연결하는 가교 역할을 하는 셈입니다. 한편으로는 예수님의 활동이 어떻게 사도들과 교회의 이야기로 연결되는지 알 수 있고, 또 한편으로는 사도행전의 이야기를 배경으로 그 뒤의 편지글들을 더욱 생생하게 읽을 수 있습니다.

특히 교회의 전승에 따르면, 사도행전 후반부의 주인공 바울은 신약의 여러 편지들 중 14개 편지의 저자로 알려져 있습니다. 다른 편지들 역시 베드로나 야고보 등 사도들의 이름과 연결되어 있습니다.

사도행전은 교회에 관한 원형적 이야기로서 의미를 갖습니다. 시대는 많이 달라졌지만, 이 책이 보여주는 복음 이야기, 그리고 그 복음을 품고 살았던 첫 신자들의 삶은 오늘 우리가 귀담아듣고 곱씹어야 할 소중한 이야기입니다. 피상적인 모방이나 섣부른 주장을 위해서가 아니라, 우리 삶 속에 역사하는 복음의 능력을 생각하고, 그 복음을 따라 살아가는 삶의 의미를 깨우치기 위해서입니다. 그런 점에서 마무리되지 않은 채 막을 내리는 사도행전의 이야기는 오늘 우리 삶 속에서도 계속 이어진다고 말할 수 있습니다.

{ 제1장 }

성령을 약속하심

1 "데오빌로님, 나는 첫 번째 책에서 예수께서 행하시고 가르치신 모든 일을 다루었습니다. 2 거기에 나는, 예수께서 활동을 시작하신 때로부터 그가 택하신 사도들에게 성령을 통하여 지시를 내리시고 하늘로 올라가신 날까지 하신, 모든 일을 기록했습니다. 3 예수께서 고난을 받으신 뒤에, 자기가 살아계심을 여러 가지 증거로 드러내셨습니다. 그는 사십 일 동안 그들에게 여러 차례 나타나시고, 하나님 나라에 관한 일들을 말씀하셨습니다. 4 예수께서 사도들과 함께 잡수실 때에 그들에게 이렇게 분부하셨습니다. "너희는 예루살렘을 떠나지 말고, 내게서 들은 아버지의 약속을 기다려라. 5 요한은 물로 세례를 주었으나, 너희는 여러 날이 되지 않아서 성령으로 세례를 받을 것이다."

'사도들'은 누구를 말하는 것인가요? '사도'(Apostle)는 다양한 맥락에서 특정 임무를 띠고 '파송된 사람'을 가리킵니다. 여기서는 교회에서 쓰는 전문용어로 예수님께서 직접 선택한 '열두 제자'를 가리킵니다. 처음 갈릴리에서부터 나사렛 예수를 따랐고, 예수님의 부활 후에는 '예수의 부활을 증언하는 자들'로 활동하면서(21-22절), 초기 교회의 정착과 성장의 토대 역할을 했습니다. 반면 처음엔 교회를 박해하다 부활하신 예수님을 만나 회심한 후 이방인(비유대인) 선교의 개척자가 되었던 바울(히브리 본명은 사울)도 하나님께서 이방인을 위한 사도로 자신을 부르셨다고 확신했습니다.

+데오빌로 : 책의 저자인 누가와 매우 친했던 것으로 알려진 로마의 기사 계급. 이름의 뜻은 '하나님(데오스) 사랑(필로스)' 혹은 '하나님의 친구'. 라틴어로 두 단어의 순서를 바꾸면 '아마데우스'가 된다. 모차르트의 아버지는 아들의 원래 이름이었던 데오빌로의 어감이 싫어서 듣기에 좋은 라틴어 이름 '아마데우스'로 바꾸었다고 한다.

예수의 승천

6 ○ 사도들이 한자리에 모였을 때에 예수께 여쭈었다. "주님, 주님께서 이스라엘에게 나라를 되찾아주실 때가 바로 지금입니까?" 7 예수께서 그들에게 말씀하셨다. "때나 시기는 아버지께서 아버지의 권한으로 정하신 것이니, 너희가 알 바가 아니다. 8 그러나 성령이 너희에게 내리시면, 너희는 능력을 받고, 예루살렘과 온 유대와 사마리아에서, 그리고 마침내 땅끝에까지 이르러 내 증인이 될 것이다." 9 이 말씀을 하신 다음에, 그가 그들이 보는 앞에서 들려 올라가시니, 구름에 싸여서 보이지 않게 되었다. 10 예수께서 떠나가실 때에, 그들이 하늘을 쳐다보고 있는데, 갑자기 흰옷을 입은 두 사람이 그들 곁에 서서 11 "갈릴리 사람들아, 어찌하여 하늘을 쳐다보면서 서 있느냐? 너희를 떠나서 하늘로 올라가신 이 예수는, 하늘로 올라가시는 것을 너희가 본 그대로 오실 것이다" 하고 말하였다.

성령으로 세례를 받는다는 것은 무슨 의미인가요? 세례에는 물 세례와 성령 세례가 있는 건가요? 세례 혹은 침례는 물에 잠겼다 나오는 의식입니다. 상징의 기원은 확실치 않지만, 과거의 자신을 버리고 새로운 존재가 되었음을 상징하는 의식입니다. 성령 세례라는 표현은 하나님의 성령을 통해 새로운 존재가 된다는 생각을 나타냅니다. 사도행전에서 복음을 듣고 예수님을 믿은 이들은 성령을 받습니다. 거기엔 종종 방언이나 예언과 같은 놀라운 현상들이 동반되기도 했습니다. 바울의 여러 편지에는 "예수 그리스도 안으로 세례를 받는다"는 표현도 있습니다. 결국 예수 안에서 새로운 존재로 거듭난다는 신념의 표현입니다.

유다 대신에 맛디아를 뽑다

12 ○ 그러고 나서 그들은 올리브산이라고 하는 산에서 예루살렘으로 돌아왔다. 그 산은 예루살렘에서 가까워서, 안식일에도 걸을 수 있는 거리에 있다. 13 그들은 성 안으로 들어와서, 자기들이 묵고 있는 다락방으로 올라갔다. 이 사람들은 베드로와 요한과 야고보와 안드레와 빌립과 도마와 바돌로매와 마태와 알패오의 아들 야고보와 열심당원 시몬과 야고보의 아들 유다였다. 14 이들은 모두, 여자들과 예수의 어머니 마리아와 예수의 동생들과 함께 한마음으로 기도에 힘썼다.

15 ○ 그 무렵에 신도들이 모였는데, 그 수가 백이십 명쯤이었다. 베드로가 그 신도들 가운데 일어서서 말하였다. 16 "형제자매 여러분, 예수를 잡아간 사람들의 앞잡이가 된 유다에 관하여, 성령이 다윗의 입을 빌려 미리 말씀하신 그 성경 말씀이 마땅히 이루어져야만 하였습니다. 17 그는 우리 가운데 한 사람으로서, 이 직무의 한몫을 맡았습니다. 18 그런데, 이 사람은 불의한 삯으로 밭을 샀습니다. 그러나 그는 거꾸러져서, 배가 터지고, 창자가 쏟아졌습니다. 19 이 일은 예루살렘에 사는 모든

'흰옷을 입은 두 사람'(10절)은 누구인가요? 천사인가요? 여러 문화권에서 흰색, 특히 흰옷은 천상의 세계와 연관됩니다. 성경에서도 신적 속성을 나타내기 위해 자주 사용됩니다. 천상의 영광을 소유한 그리스도도 흰옷을 입은 모습으로 나타납니다(눅 9:29). 신약성경의 맨 마지막 책인 요한계시록에서는 그리스도를 따르는 신실한 신자들 역시 예수님의 피로 깨끗하게 된 흰옷을 입습니다. 이 본문에 등장하는 흰옷 입은 두 사람은 누가복음서 24장의 빈 무덤 이야기에 등장해 예수님의 부활을 전해준 인물들처럼 하나님께서 보내신 천사들을 가리킵니다. 마태복음서 28장의 빈 무덤 이야기에서는 '천사'로 명시되어 나옵니다.

그리스도의 부활 *Resurrection of Christ*, Samuel van Hoogstraten, 1665-1670, Holland

주민이 다 알고 있습니다. 그래서 그들은 그 땅을 자기들의 말로 아껠다마라고 하였는데, 그것은 '피의 땅'이라는 뜻입니다. 20 시편에 기록하기를 '그의 거처가 폐허가 되게 하시고, 그 안에서 사는 사람이 없게 하십시오' 하였고, 또 말하기를 '그의 직분을 다른 사람이 차지하게 해주십시오' 하였습니다. 21 그러므로 주 예수께서 우리와 함께 지내시는 동안에, 22 곧 요한이 세례를 주던 때로부터 예수께서 우리를 떠나 하늘로 올라가신 날까지 늘 우리와 함께 다니던 사람 가운데서 한 사람을 뽑아서, 우리와 더불어 부활의 증인으로 삼아야 할 것입니다." 23 그리하여 그들은 바사바라고도 하고 유스도라고도 하는 요셉과 맛디아 두 사람을 앞에 세우고서, 24 기도하여 아뢰었다. "모든 사람의 마음을 다 아시는 주님, 주님께서 이 두 사람 가운데서 누구를 뽑아서, 25 이 섬기는 일과 사도직의 직분을 맡게 하실지를, 우리에게 보여주십시오. 유다는 이 직분을 버리고 제 갈 곳으로 갔습니다." 26 그리고 그들에게 제비를 뽑게 하니, 맛디아가 뽑혀서, 열한 사도와 함께 사도의 수에 들게 되었다.

유다 대신 새로운 제자를 선정하는 과정은 제비뽑기였습니다. 이것은 이스라엘에서 무언가를 선택할 때 보편적으로 쓰인 방식인가요? 구약성경 요나서에 나오는 것처럼, 이스라엘을 비롯한 고대인들은 하나님의 뜻을 알기 위해 제비를 뽑곤 했습니다. 인간의 의지가 개입될 수 없기 때문에 하나님의 뜻이 가장 잘 나타날 수 있다고 생각한 것입니다. 그런 점에서 인간의 사고나 행동과는 무관한 짐승의 내장이나 새들의 움직임으로 신탁을 알고자 했던 고대인들의 태도와 통하는 부분이 있습니다. 현대인들에게는 비과학적인 미신으로만 느껴지겠지만, 이스라엘의 제비뽑기 관행의 이면에는 하나님께서 모든 것을 섭리하신다는 믿음이 깔려 있었습니다.

{ 제2장 }

성령의 강림

1 오순절이 되어서 그들은 모두 한곳에 모여 있었다. 2 그때에 갑자기 하늘에서 세찬 바람이 부는 듯한 소리가 나더니, 그들이 앉아 있는 온 집안을 가득 채웠다. 3 그리고 불길이 솟아오를 때 혓바닥처럼 갈라지는 것 같은 혀들이 그들에게 나타나더니, 각 사람 위에 내려앉았다. 4 그들은 모두 성령으로 충만하게 되어서, 성령이 시키시는 대로, 각각 방언으로 말하기 시작하였다.

5 ○ 예루살렘에는 경건한 유대 사람이 세계 각국에서 와서 살고 있었다. 6 그런데 이런 말소리가 나니, 많은 사람이 모여와서, 각각 자기네 지방 말로 제자들이 말하는 것을 듣고서, 어리둥절하였다. 7 그들은 놀라, 신기하게 여기면서 말하였다. "보시오, 말하고 있는 이 사람들은 모두 갈릴리 사람이 아니오? 8 그런데 우리 모두가 저마다 태어난 지방의 말로 듣고 있으니, 어찌 된 일이오? 9 우리는 바대 사람과 메대 사람과 엘

오순절은 무엇을 말하나요? 이스라엘 민족의 특별한 명절인가요? 오순절(Pentecost)은 구약성경에 나오는 유대인의 명절입니다. 유월절로부터 50일(五旬, 오순. 여기서 '순'을 열흘을 말합니다)이 되는 때로, 추수의 끝을 기념하는 감사의 절기입니다. 1세기 당시에도 로마제국 전역에 흩어져 살던 유대인들은 이 명절을 지키기 위해 성전이 있는 예루살렘으로 순례를 다녀오곤 했습니다(눅 2:41-42). 유대 전승에서 오순절은 하나님께서 시내산에서 모세에게 율법을 주신 사건과 연결되곤 하지만, 본문에 나타나는 오순절의 성령 주심이 그 전승을 염두에 둔 것인지는 알 수 없습니다.

람 사람이고, 메소포타미아와 유대와 갑바도기아와 본도와 아시아와 10 브루기아와 밤빌리아와 이집트와 구레네 근처 리비아의 여러 지역에 사는 사람이고, 또 나그네로 머물고 있는 로마 사람과 11 유대 사람과 유대교에 개종한 사람과 크레타 사람과 아라비아 사람인데, 우리는 저들이 하나님의 큰일들을 방언으로 말하는 것을 듣고 있소." 12 사람들은 모두 놀라 어쩔 줄 몰라서 "이게 도대체 어찌 된 일이오?" 하면서 서로 말하였다. 13 그런데 더러는 조롱하면서 "그들이 새 술에 취하였다" 하고 말하는 사람도 있었다.

베드로의 오순절 설교

14 ○ 베드로가 열한 사도와 함께 일어나서, 목소리를 높여서, 그들에게 엄숙하게 말하였다. "유대 사람들과 모든 예루살렘 주민 여러분, 이것을 아시기 바랍니다. 내 말에 귀를 기울이십시오. 15 지금은 아침 아홉 시입니다. 그러니 이 사람들은, 여러분이 생각하듯이 술에 취한 것이 아닙니다. 16 이 일은 하나님께서 예언자 요엘을 시켜서 말씀하신 대로 된 것입니다. 17 '하

성령으로 충만하게 된 사람들이 방언으로 말하기 시작했다(4절)고 하는데, 방언은 오늘날에도 있을 수 있는 일인가요? 기독교 내에서도 신학적 전통에 따라 방언에 대한 의견은 많이 다릅니다. 하지만 현대라고 해서 방언이 중단되었다고 말할 성경적 근거는 없습니다. 물론 유사 현상이나 의도적인 조작도 적지 않아서, 신중한 진위 분별이 반드시 필요합니다. 모두에게 주어지는 것은 아니지만, 방언 자체는 여전히 중요한 신앙적 표현의 하나입니다. 바울은 방언과 같은 성령의 은사는 본인이 아닌 교회의 유익을 위한 것이므로, 방언이 이해할 수 있는 말로 통역되지 않으면 교회에는 아무 유익이 없다는 사실을 강조합니다.

나님께서 말씀하신다. 마지막 날에 나는 내 영을 모든 사람에게 부어주겠다. 너희의 아들들과 너희의 딸들은 예언을 하고, 너희의 젊은이들은 환상을 보고, 너희의 늙은이들은 꿈을 꿀 것이다. 18 그날에 나는 내 영을 내 남종들과 내 여종들에게도 부어주겠으니, 그들도 예언을 할 것이다. 19 또 나는 위로 하늘에 놀라운 일을 나타내고, 아래로 땅에 징조를 나타낼 것이니, 곧 피와 불과 자욱한 연기이다. 20 주님의 크고 영화로운 날이 오기 전에, 해는 변해서 어두움이 되고, 달은 변해서 피가 될 것이다. 21 그러나 주님의 이름을 부르는 사람은 구원을 얻을 것이다.'

22 ○ 이스라엘 동포 여러분, 이 말을 들으십시오. 여러분이 아시는 바와 같이, 나사렛 예수는 하나님께서 기적과 놀라운 일과 표징으로 여러분에게 증명해 보이신 분입니다. 하나님께서는 그를 통하여 여러분 가운데서 이 모든 일을 행하셨습니다. 23 이 예수께서 버림을 받으신 것은 하나님이 정하신 계획을 따라 미리 알고 계신 대로 된 일이지만, 여러분은 그를 무법자들의 손을 빌려서 십자가에 못 박아 죽였습니다. 24 그러나 하나님께서는 그를 죽음의 고통에서 풀어서 살리셨습니다.

베드로는 요엘과 다윗을 인용하면서 방언과 같은 지금의 현상들을 설명합니다. 베드로는 성경을 그렇게 꿰뚫어 말할 수 있을 만큼 지식인이었나요? 당시에도 경건한 유대인들은 어릴 때부터 회당 예배나 가정교육을 통해 (구약)성경을 배우며 자랐습니다. 따라서 바울을 비롯한 신약성경의 저자들은 대부분 (구약)성경을 잘 알았을 뿐 아니라, 적지 않은 부분을 암송하고 있기도 했습니다. 그래서 신약성경에는 구약성경이 매우 자주 인용됩니다. 물론 (구약)성경의 계시가 하나님의 궁극적 계시이신 메시아 예수 안에서 성취된다는 교회의 깨달음은 그들의 (구약)성경 읽기를 더욱 선명하고 특별한 것으로 만들었다고 할 수 있습니다.

그가 죽음의 세력에 사로잡혀 있는 것은 있을 수 없는 일이기 때문입니다. 25 다윗이 그를 가리켜 말하기를 '나는 늘 내 앞에 계신 주님을 보았다. 나를 흔들리지 않게 하시려고, 주님께서 내 오른쪽에 계시기 때문이다. 26 그러므로 내 마음은 기쁘고, 내 혀는 즐거워하였다. 내 육체도 소망 속에 살 것이다. 27 주님께서 내 영혼을 지옥에 버리지 않으시며, 주님의 거룩한 분을 썩지 않게 하실 것이다. 28 주님께서 나에게 생명의 길을 알려주셨으니, 주님의 앞에서 나에게 기쁨을 가득 채워주실 것이다' 하였습니다.

29 ○ 동포 여러분, 나는 조상 다윗에 대하여 자신 있게 말씀드릴 수 있습니다. 그는 죽어서 묻혔고, 그 무덤이 이날까지 우리 가운데에 남아 있습니다. 30 그는 예언자이므로, 그의 후손 가운데서 한 사람을 그의 왕좌에 앉히시겠다고 하나님이 맹세하신 것을 알고 있었습니다. 31 그래서 그는 그리스도의 부활을 미리 내다보고 말하기를 '그리스도는 지옥에 버려지지 않았고, 그의 육체는 썩지 않았다' 하였습니다. 32 이 예수를 하나님께서 살리셨습니다. 우리는 모두 이 일의 증인입니다. 33 하나님

베드로가 말한 다윗(25-31절)은 이스라엘의 왕이 아니었나요? 다윗이 예언자였나요? 이스라엘의 왕 다윗은 성경 중 시편의 대부분을 저술한 저자입니다. 물론 성경은 1세기 당시 유대인들과 기독교인들에게 하나님의 말씀이었습니다. 그리고 예수 그리스도의 죽음과 부활에서 하나님의 결정적 계시를 경험한 기독교인들은 시편을 비롯한 성경의 계시가 예수 그리스도를 통한 최종적 계시와 연결된 것이라 보았습니다. 구약성경을 그리스도를 내다보는 예언의 말씀으로 새롭게 해석했던 것입니다. 그런 점에서 시편의 저자 다윗은 '예언자'라고 불릴 수 있습니다. 한편 베드로는 다윗이 노래한 내용(불멸)이 죽어서 매장된 다윗 자신의 이야기일 수 없다는 점을 들어 그것이 미래의 예수님에 대한 예언이라고 말하기도 합니다.

께서는 이 예수를 높이 올리셔서, 자기의 오른쪽에 앉히셨습니다. 그는 아버지로부터 약속하신 성령을 받아서 우리에게 부어 주셨습니다. 여러분은 지금 이 일을 보기도 하고 듣기도 하고 있는 것입니다. 34-35 다윗은 하늘에 올라가지 못하였으나, 그는 이렇게 말하였습니다. '주님께서 내 주님께 말씀하시기를, 내가 네 원수를 네 발아래에 굴복시키기까지, 너는 내 오른쪽에 앉아 있어라 하셨습니다.' 36 그러므로 이스라엘 온 집안은 확실히 알아두십시오. 하나님께서는 여러분이 십자가에 못 박은 이 예수를 주님과 그리스도가 되게 하셨습니다."

37 ㅇ 사람들이 이 말을 듣고 마음이 찔려 "형제들이여, 우리가 어떻게 하면 좋겠습니까?" 하고 베드로와 다른 사도들에게 말하였다. 38 베드로가 대답하였다. "회개하십시오. 그리고 여러분 각 사람은 예수 그리스도의 이름으로 세례를 받고, 죄 용서를 받으십시오. 그리하면 성령을 선물로 받을 것입니다. 39 이 약속은 여러분과 여러분의 자녀와 또 멀리 떨어져 있는 모든 사

어떻게 하면 좋겠느냐는 사람들의 질문에 베드로는 회개, 세례, 죄 용서, 성령을 말합니다(37-39절). 이것은 구원의 방법론인가요? 회심의 의미를 간략하게 요약한 것입니다. 예수의 복음으로 하나님을 만나는 일은 하나님 없는 삶이 실상 이기적인 욕망으로 작동하는 무익한 우상(가치)을 추구하던 삶이었음을 깨닫게 합니다. 이것이 죄입니다. 죄는 도덕적 결함을 넘어, 내 삶의 참 주인이신 하나님을 거부하고 내가 주인이 되고자 하는, 절박하지만 헛된 시도입니다. 이런 나를 버리는 것이 회개입니다. 이를 위해, 즉 '우리의 죄를 위해' 예수 그리스도께서 자기 목숨을 내어주셨고, 이렇게 하나님은 우리의 과거를 용서하십니다. 이것이 하나님의 사랑입니다. 이 만남 속에서 하나님께서는 우리에게 새 생명을 선사하십니다. 이것이 '성령'의 한 의미입니다. 물에 들어갔다 나오는 세례는 이 은혜를 물리적 의식으로 형상화합니다. 옛 나를 버리고 참 나를 받아들이는 고백의 표현이기도 합니다. 거저 주어진 새로운 삶이 궁극적 구원, 곧 영생으로 이어지리라는 희망의 시작이기도 합니다.

람, 곧 우리 주 하나님께서 부르시는 모든 사람에게 주신 것입
니다." 40 베드로는 이 밖에도 많은 말로 증언하고, 비뚤어진
세대에서 구원을 받으라고 그들에게 권하였다. 41 그의 말을
받아들인 사람들은 세례를 받았다. 이렇게 해서, 그날에 신도
의 수가 약 삼천 명이나 늘어났다. 42 그들은 사도들의 가르침
에 몰두하며, 서로 사귀는 일과 빵을 떼는 일과 기도에 힘썼다.

신도의 공동생활

43 ○ 모든 사람에게 두려운 마음이 생겼다. 사도들을 통하여
놀라운 일과 표징이 많이 일어났던 것이다. 44 믿는 사람은
모두 함께 지내며, 모든 것을 공동으로 소유하였다. 45 그들
은 재산과 소유물을 팔아서, 모든 사람에게 필요한 대로 나누
어주었다. 46 그리고 날마다 한마음으로 성전에 열심히 모이
고, 집집이 돌아가면서 빵을 떼며, 순전한 마음으로 기쁘게 음
식을 먹고, 47 하나님을 찬양하였다. 그래서 그들은 모든 사
람에게서 호감을 샀다. 주님께서는 구원받는 사람을 날마다
더하여주셨다.

베드로는 구원을 받으라고 권했고, 그 결과 날마다 구원받는 사람들이 늘어났다고
하는데요. 여기서 구원이란 무엇인가요? 이 단어는 모든 종류의 '구출'을 의미하는
평범한 단어입니다. 기독교의 신학적 의미로는 죄로부터의 구원 혹은 죄가 지배하
는 '이 타락한 시대'로부터의 구원을 의미합니다(2:40). 죄의 지배 아래 멸망을 향해
가는 허망한 삶에서 벗어나 하나님께서 예수님을 통해 내려주시는 참된 삶의 길로
들어서는 것입니다. 그리스도인은 이미 예전의 삶으로부터 구원을 받았으며, 현재
하나님께 순종하며 새로운 삶을 살아가고 있고, 아직 다가오지 않은 미래의 궁극적
구원을 바라보는 사람입니다.

{ 제3장 }

베드로가 못 걷는 사람을 고치다

1 오후 세 시의 기도 시간이 되어서, 베드로와 요한이 성전으로 올라가는데, 2 나면서부터 못 걷는 사람을 사람들이 떠메고 왔다. 그들은 성전으로 들어가는 사람들에게 구걸하게 하려고, 이 못 걷는 사람을 날마다 '아름다운 문'이라는 성전 문 곁에 앉혀놓았다. 3 그는, 베드로와 요한이 성전으로 들어가려는 것을 보고, 구걸을 하였다. 4 베드로가 요한과 더불어 그를 눈여겨보고, 그에게 말하였다. "우리를 보시오!" 5 그 못 걷는 사람은 무엇을 얻으려니 하고, 두 사람을 빤히 쳐다보았다. 6 베드로가 말하기를 "은과 금은 내게 없으나, 내게 있는 것을 그대에게 주니, 나사렛 예수 그리스도의 이름으로 [일어나] 걸으시오" 하고, 7 그의 오른손을 잡아 일으켰다. 그는 즉시 다리와 발목에 힘을 얻어서, 8 벌떡 일어나서 걸었다. 그는 걷기도 하고, 뛰기도 하며, 하나님을 찬양하면서, 그들과 함께 성전으로 들어갔다. 9 사람들은 모두 그가 걸어 다니는 것과 하나님을 찬양하

베드로는 정말 예수님의 이름을 믿어서 예수님처럼 치유의 기적을 일으킬 만큼 능력을 갖게 된 것인가요? 교회 이야기는 하나님께서 예수님을 죽음으로부터 살리셨다는 확신, 곧 부활 신앙과 더불어 시작됩니다. 이 생명의 능력은 처음엔 나사렛 예수의 치유 활동으로, 이후엔 예수님의 이름으로 복음을 선포하는 제자들의 치유 활동으로 나타났습니다. 당시 베드로를 위시한 사도들의 능력은 하나님께서 주실 영원한 생명을 가리키는 현세적 표현이었습니다. 모두에게 주어진 능력은 아니지만, 교회의 초창기에 이 기적들은 예수님의 이름으로 나타나는 참 생명의 능력이 기독교 복음의 핵심이라는 사실을 명백하게 증언합니다.

는 것을 보고, 10 또 그가 아름다운 문 곁에 앉아 구걸하던 바로 그 사람임을 알고서, 그에게 일어난 일로 몹시 놀랐으며, 이상하게 여겼다.

베드로가 솔로몬 행각에서 설교하다

11 ○ 그 사람이 베드로와 요한 곁에 머물러 있는데, 사람들이 모두 크게 놀라서, 솔로몬 행각이라고 하는 곳으로 달려와서, 그들에게로 모여들었다. 12 베드로가 그 사람들을 보고, 그들에게 말하였다. "이스라엘 동포 여러분, 어찌하여 이 일을 이상하게 여깁니까? 또 어찌하여 여러분은, 우리가 우리의 능력이나 경건으로 이 사람을 걷게 하기나 한 것처럼, 우리를 바라봅니까? 13 아브라함의 하나님과 이삭의 [하나님]과 야곱의 [하나님] 곧 우리 조상의 하나님께서 자기의 종 예수를 영광스럽게 하셨습니다. 여러분은 일찍이 그를 넘겨주었고, 빌라도가 놓아주기로 작정하였을 때에도, 여러분은 빌라도 앞에서 그것을 거부하였습니다. 14 여러분은 그 거룩하고 의로우신 분을 거절하고, 살인자를 놓아달라고 청하였습니다. 15 그

베드로가 설교한 내용을 보면 오래전부터 정해져 있던 일들이 이루어진 것처럼 이야기하고 있습니다. 정말 그런 건가요? 교회는 구약성경의 이야기가 그리스도와 그의 교회의 삶에서 궁극적으로 성취된다고 믿었습니다. 그러니까 지금 예수님과 그분의 교회에 일어나는 중대한 사건들은 오랜 섭리의 흐름에서 벗어난 역사적 일탈이나 우연이 아니라, 신실하신 하나님의 계획이 놀라운 방식으로 이루어진 것입니다. 이 섭리에 대한 깨달음이 당시 유대인에게는 예수님이 바로 하나님께서 보내신 메시아(=그리스도)라는 사실을 믿어야 할 이유가 되었고, 오늘을 살아가는 신자들에게는 힘겨운 현실을 마주하는 깨달음과 용기의 원천이 됩니다.

래서 여러분은 생명의 근원이 되시는 주님을 죽였습니다. 그러나 하나님께서는 그를 죽은 사람들 가운데서 살리셨습니다. 우리는 이 일의 증인입니다. 16 그런데 바로 이 예수의 이름이, 여러분이 지금 보고 있고 잘 알고 있는 이 사람을 낫게 하였으니, 이것은 그의 이름을 믿는 믿음을 힘입어서 된 것입니다. 예수로 말미암은 그 믿음이 이 사람을 여러분 앞에서 이렇게 완전히 성하게 한 것입니다. 17 그런데 동포 여러분, 여러분은 여러분의 지도자들과 마찬가지로 무지해서 그렇게 행동했다는 것을 나는 알고 있습니다. 18 그러나 하나님께서는, 모든 예언자의 입을 빌려서 그리스도가 고난을 받아야만 한다고 미리 선포하신 것을, 이와 같이 이루셨습니다. 19 그러므로 여러분은 회개하고 돌아와서, 죄 씻음을 받으십시오. 20 그러면 주님께로부터 편히 쉴 때가 올 것이며, 주님께서는 여러분을 위해서 미리 정하신 그리스도이신 예수를 보내실 것입니다. 21 이 예수는 영원 전부터, 하나님이 자기의 거룩한 예언자들의 입을 빌려서 말씀하신 대로 만물을 회복하실 때까지, 마땅히 하늘에 계실 것입니다. 22 모세는 말하기를 '주 하나님께서

예수님이 "영원 전부터, 그리고 만물을 회복할 때까지 하늘에 계신다"(21절)는 것은 무슨 뜻인가요? 예수님은 갈릴리 나사렛에서 났습니다. 그의 제자들은 그분이 하나님께서 약속하신 메시아(히브리어. 신약성경의 언어인 그리스어로는 '그리스도')라고 확신하게 되었습니다. 또 그분의 부활 이후에는 그분이 '영원 전부터' 하나님과 함께 계시던 하나님의 아들이라 고백하게 되었습니다. 부활 이후 예수님은 다시 '하늘로' 올라가셨고, 교회는 그분을 '하나님 오른편'에서 하나님의 주권을 위임받은 '주님'으로 고백합니다. 그리고 그분이 다시 오셔서 '모든 것을 회복하실' 것으로 믿습니다. 이 기다림 속에서 복음이 선포되고, 이 복음을 통해 우리는 하나님을 섬기는 새 삶을 얻고, 우리의 구원과 만물의 회복을 향한 새로운 희망을 갖게 됩니다.

나를 세우신 것같이, 너희를 위하여 너희 동족 가운데서 한 예언자를 세워주실 것이다. 그가 너희에게 하는 말은 무엇이든지 다 들어라. 23 누구든지 그 예언자의 말을 듣지 않는 사람은, 백성 가운데서 망하여 없어질 것이다' 하였습니다. 24 그리고 사무엘을 비롯하여 그 뒤를 이어서 예언한 모든 예언자도, 다 이날에 있을 일을 알려주었습니다. 25 여러분은 예언자들의 자손이며, 하나님께서 여러분의 조상들과 맺은 언약의 자손입니다. 하나님께서 아브라함에게 '너의 자손으로 말미암아 땅 위의 모든 족속이 복을 받을 것이다' 하고 말씀하셨습니다. 26 하나님께서 여러분 한 사람 한 사람을 악에서 돌아서게 하셔서, 여러분에게 복을 내려주시려고, 먼저 자기의 종을 일으켜 세우시고, 그를 여러분에게 보내셨습니다."

{ 제4장 }

베드로와 요한이 의회 앞에 끌려오다

1 베드로와 요한이 아직도 사람들에게 말하고 있는데, 제사장들과 성전 경비대장과 사두개파 사람들이 몰려왔다. 2 그들은 사도들이 백성을 가르치는 것과, 예수의 부활을 내세워서 죽은 사람들의 부활을 선전하고 있는 것에 격분해서, 3 사도들을 붙잡았으나, 날이 이미 저물었으므로 다음 날까지 가두어두었다. 4 그런데 사도들의 말을 들은 사람들 가운데서 믿는 사람이 많으니, 남자 어른의 수가 약 오천 명이나 되었다.

5 ○ 이튿날 유대의 지도자들과 장로들과 율법학자들이 예루살렘에 모였는데, 6 대제사장 안나스를 비롯해서, 가야바와 요한과 알렉산더와 그 밖에 대제사장의 가문에 속한 사람들이 모두 참석하였다. 7 그들은 사도들을 가운데에 세워놓고서 물었다. "그대들은 대체 무슨 권세와 누구의 이름으로 이런 일을 하였소?" 8 그때에 베드로가 성령이 충만하여 그들에게 말하였다. "백성의 지도자들과 장로 여러분, 9 우리가 오늘 신문

사두개파는 어떤 사람들이었나요? 바리새파와 함께 당시 유대교의 대표적 계파의 하나로, 성전 제의를 관장하는 제사장들을 중심으로 한 세력이었습니다. 로마의 식민 통치 아래 일종의 성전 국가처럼 운영되던 팔레스타인의 정치권력을 가진 자들답게 사두개파는 친로마적 경향을 보였습니다. 이들은 바리새파와는 달리 모세오경 (구약성경 맨 앞에 실린 5권의 책. 창세기, 출애굽기, 레위기, 민수기, 신명기로 '토라'라고 부르기도 합니다)만을 성경으로 인정했으며, 신의 섭리나 몸의 부활 등을 믿지는 않았습니다. 사도행전 본문은 사도들의 부활 선포가 사두개파와의 갈등을 촉발했다고 이야기합니다(4:1-4).

을 받는 것이, 병자에게 행한 착한 일과 또 그가 누구의 힘으로 낫게 되었느냐 하는 문제 때문이라면, 10 여러분 모두와 모든 이스라엘 백성은 이것을 알아야 합니다. 이 사람이 성한 몸으로 여러분 앞에 서게 된 것은, 여러분이 십자가에 못 박아 죽였으나 하나님이 죽은 사람들 가운데서 살리신 나사렛 예수 그리스도의 이름을 힘입어서 된 것입니다. 11 이 예수는 '너희들 집 짓는 사람들에게는 버림받은 돌이지만, 집 모퉁이의 머릿돌이 되신 분'입니다.

12 ○ 이 예수밖에는, 다른 아무에게도 구원은 없습니다. 사람들에게 주신 이름 가운데 우리가 의지하여 구원을 얻어야 할 이름은, 하늘 아래에 이 이름밖에 다른 이름이 없습니다." 13 그들은 베드로와 요한이 본래 배운 것이 없는 보잘것없는 사람인 줄 알았는데, 이렇게 담대하게 말하는 것을 보고 놀랐다. 그리고 그들은 그 두 사람이 예수와 함께 다녔다는 사실을 알았지만, 14 병 고침을 받은 사람이 그들 곁에 서 있는 것을 보고는, 아무 트집도 잡을 수 없었다. 15 그래서 그들은 그 두 사람에게 명령하여 의회에서 나가게 한 뒤에, 서로 의논하면서 말하였다.

베드로와 요한이 붙잡힌 이유는 사람들을 선동했기 때문인가요? 그래봤자 그들은 전직 어부일 뿐이고, 그들이 상대한 이들은 유대 지도자와 장로, 율법학자, 대제사장 같은 그야말로 영향력 있는 인사들입니다. 그렇게 된 배경이 궁금합니다. 나사렛 예수도 그랬지만, 당시 정치 및 종교 권력자들에겐 대중적 호소력을 가진 운동이 늘 위험해 보였습니다. 특히 로마 권력의 우산 아래에 있던 지방 권력자들에겐 더욱 그렇습니다. 종교적 신념으로 결속된 유대 사회에서 메시아의 등장을 기다리는 종교적 운동은 엄청난 정치적 파장을 야기할 수 있음을 잘 알기에, 당시 권력자들로서는 사도들을 중심으로 한 예수 운동을 두고 볼 수 없었습니다. 사두개인들이 믿지 않았던 부활을 전했다는 점(4:1-2)도 원인 중 하나였지만, 그 메시지의 정치적 파장이 박해의 좀 더 직접적인 이유였습니다.

16 "이 사람들을 어떻게 하면 좋겠습니까? 그들로 말미암아 기적이 일어났다는 사실은, 예루살렘에 사는 모든 사람이 다 알고 있고, 우리도 이것을 부인할 수 없습니다. 17 다만 이 소문이 사람들에게 더 퍼지지 못하게, 앞으로는 이 이름으로 아무에게도 말하지 말라고, 그들에게 엄중히 경고합시다." 18 그런 다음에, 그들은 그 두 사람을 불러서, 절대로 예수의 이름으로 말하지도 말고 가르치지도 말라고 명령하였다. 19 그때에 베드로와 요한은 대답하였다. "하나님의 말씀을 듣는 것보다, 당신들의 말을 듣는 것이, 하나님 보시기에 옳은 일인가를 판단해보십시오. 20 우리는 보고 들은 것을 말하지 않을 수 없습니다." 21 백성이 모두 그 일어난 일로 하나님께 영광을 돌리고 있으므로, 그들은 사도들을 처벌할 방도가 없어서, 다시 위협만 하고서 놓아 보냈다. 22 이 기적으로 병이 나은 이는 마흔 살이 넘은 사람이다.

베드로와 요한을 심문한 이들이 "예수의 이름으로 말하지도 말고 가르치지도 말라"(18절)고 위협한 이유는 무엇인가요? 사도들의 가르침을 듣고 예수님을 믿는 사람들이 매우 많았습니다(4절). 종교 권력자의 다수인 사두개파는 부활을 믿지 않는데, 사도들은 예수님의 부활을 선포했습니다. 일종의 이념 대립인 셈이지만, 이는 또한 대중적 영향력을 키워가는 교회에 대한 정치적 압박이기도 했습니다. 사도들을 통해 일어나는 놀라운 일들 자체를 권력자들도 부정할 수는 없었지만, 그들을 막을 합법적 수단도 달리 없었습니다. 결국 가진 권력을 이용해 사도들을 협박하고 명령하는 것이 그들이 할 수 있는 전부였습니다. 사도들은 하나님의 뜻이 어디 있는지 생각해보라고 촉구하지만(8-11, 19-20절), 정치적 계산으로 움직이는 이들이 그 말에 귀를 기울일 이유는 없었습니다.

신도들이 기도를 드리다

23 ○ 베드로와 요한은 풀려나는 길로 동료들에게로 가서, 대제사장들과 장로들이 한 말을 낱낱이 일렀다. 24 동료들은 이 말을 듣고서, 다 같이 하나님께 부르짖어 아뢰었다. "하늘과 땅과 바다와 그 안에 있는 모든 것을 지으신 주님, 25 주님께서는 주님의 종인 우리의 조상 다윗의 입을 빌려서, 성령으로 이렇게 말씀하셨습니다. '어찌하여 이방 민족이 날뛰며, 뭇 백성이 헛된 일을 꾀하였는가? 26 세상 임금들이 들고일어나고, 통치자들이 함께 모여서, 주님과 그의 메시아에게 대적하였다.' 27 사실, 헤롯과 본디오 빌라도가 이방 사람들과 이스라엘 백성과 한패가 되어, 이 성에 모여서, 주님께서 기름 부으신 거룩한 종 예수를 대적하여, 28 주님의 권능과 뜻으로 미리 정하여두신 일들을 모두 행하였습니다. 29 주님, 이제 그들의 위협을 내려다보시고, 주님의 종들이 참으로 담대하게 주님의 말씀을 말할 수 있게 해주십시오. 30 그리고 주님께서 능력의 손을 뻗치시어 병을 낫게 해주시고, 주님의 거룩

풀려난 베드로와 요한, 그리고 그들의 동료들이 함께 드린 기도는 이 시점에서 어떤 의미를 갖고 있나요? 교회는 힘겨운 박해의 상황에서도 하나님께서 모든 일을 다스리고 계신다는 하나님의 섭리에 대한 신념을 고백합니다. 성경 또한 예수님과 그분을 섬기는 이들이 박해를 받을 것이라고 예언했습니다. 실제 예수님께서는 사람들의 박해를 받으셨고, 지금 교회도 그와 같은 상황을 경험하고 있습니다. 그렇다고 해서 무서워하며 믿음을 포기하는 것이 아니라, 하나님의 섭리를 신뢰하며 대담하게 복음 선포의 노력을 이어갑니다. 교회는 하나님을 향한 이런 믿음을 고백하며, 고난의 상황을 마주할 용기를 달라고, 그들의 섬김을 통해 하나님의 능력이 보다 선명하게 드러나게 해달라고 기도합니다. 기도 후 일어난 현상들은 하나님께서 그 기도를 들으셨다는 사실을 드러내는 물리적 표현들입니다.

한 종 예수의 이름으로 표징과 놀라운 일들이 일어나게 해주십시오." 31 그들이 기도를 마치니, 그들이 모여 있는 곳이 흔들리고, 그들은 모두 성령으로 충만해서, 하나님의 말씀을 담대히 말하게 되었다.

공동 소유 생활

32 ○ 많은 신도가 다 한마음과 한뜻이 되어서, 아무도 자기 소유를 자기 것이라고 하지 않고, 모든 것을 공동으로 사용하였다. 33 사도들은 큰 능력으로 주 예수의 부활을 증언하였고, 사람들은 모두 큰 은혜를 받았다. 34 그들 가운데는 가난한 사람이 한 사람도 없었다. 땅이나 집을 가진 사람들은 그것을 팔아서, 그 판 돈을 가져다가 35 사도들의 발 앞에 놓았고, 사도들은 각 사람에게 필요에 따라 나누어주었다. 36 키프로스 태생으로, 레위 사람이요, 사도들에게서 바나바 곧 '위로의 아들'이라는 뜻의 별명을 받은 요셉이, 37 자기가 가지고 있는 밭을 팔아서, 그 돈을 가져다가 사도들의 발 앞에 놓았다.

신도들의 공동생활이 너무 이상적인 것처럼 느껴집니다. 요즘도 이것을 실천한다는 사람들이 종종 사회적으로 문제를 일으키는 이상한 종교집단이 되기도 하지 않나요? 물론 현실에서는 이런 그림이 오래 지속되기 어렵습니다. 이어지는 이야기에서 볼 수 있듯이, 교회도 금방 이런저런 갈등에 노출됩니다. 하지만 교회 첫 공동체의 인상적인 이 모습은 복음의 능력이 어떻게 이웃을 위한 배려로 이어지는지 잘 보여줍니다. 사회 구조 자체가 판이한 오늘날 당시를 모방하려는 비현실적 시도는 광신도나 이단으로 전락하기 쉽습니다. 하지만 초기 교회의 거침없는 신앙 표현은 오늘 우리의 상황에 어울리는 믿음과 사랑의 표현이 무엇인지 다시금 돌아보게 합니다.

{ 제5장 }

아나니아와 삽비라

1 그런데 아나니아라는 사람이 그의 아내 삽비라와 함께 소유를 팔아서, 2 그 값의 얼마를 따로 떼어놓았는데, 그의 아내도 이것을 알고 있었다. 그는 떼어놓고 난 나머지를 가져다가, 사도들의 발 앞에 놓았다. 3 그때에 베드로가 이렇게 말하였다. "아나니아는 들으시오. 어찌하여 그대의 마음이 사탄에게 홀려서, 그대가 성령을 속이고 땅값의 얼마를 몰래 떼어놓았소? 4 그 땅은 팔리기 전에도 그대의 것이 아니었소? 또 팔린 뒤에도 그대 마음대로 할 수 있었던 것이 아니었소? 그런데 어찌하여 이런 일을 할 마음을 먹었소? 그대는 사람을 속인 것이 아니라 하나님을 속인 것이오." 5 아나니아는 이 말을 듣고, 그 자리에서 쓰러져서 숨졌다. 이 소문을 듣는 사람은 모두 크게 두려워하였다. 6 젊은이들이 일어나, 그 시체를 싸서 메고 나가서, 장사를 지냈다.

7 ○ 세 시간쯤 지나서, 아나니아의 아내가 그동안에 일어난

아나니아와 삽비라 이야기를 보면 베드로의 조치는 지나치게 극단적으로 느껴집니다. 마치 일벌백계의 본보기를 보여주려는 것 같기도 하고요. 베드로는 왜 그렇게까지 했을까요? 유사한 사례와 비교해도 처벌이 너무 엄중해 보입니다. 하지만 정작 그 이유는 분명히 드러나지 않습니다. 다만 성령의 능력 아래 있던 공동체의 거룩한 결속을 깨뜨리는 첫 사례라는 점, 그리고 재산과 소유에 대한 태도가 신앙의 중요한 척도로 여겨졌다는 점 등을 생각해볼 수 있습니다. 베드로는 이들 부부가 하나님을 속이려 했다는 사실을 강조하기도 합니다. 이 이야기는 구약성경의 여호수아기 7장에 기록되어 있는 아간이 저지른 유사한 범죄를 떠올리게 합니다. 한 사람의 빗나간 욕망이 공동체 전체를 위기에 빠뜨리는 불행한 사례들입니다.

일을 알지 못하고 들어왔다. 8 베드로가 그 여자에게 물었다. "그대들이 판 땅값이 이것뿐이오? 어디 말해보시오." 그 여자가 대답하였다. "예, 그것뿐입니다." 9 베드로가 그 여자에게 말하였다. "왜 그대들 내외는 서로 공모해서 주님의 영을 시험하려고 하였소? 보시오. 그대의 남편을 묻은 사람들의 발이 막 문에 다다랐으니, 그들이 또 그대를 메고 나갈 것이오." 10 그러자 그 여자는 그 자리에서 베드로의 발 앞에 쓰러져서 숨졌다. 젊은이들이 들어와서, 그 여자가 죽은 것을 보고서, 메어다가 그 남편 곁에 묻었다. 11 온 교회와 이 사건을 듣는 사람들은, 모두 크게 두려워하였다.

사도들이 기적을 일으키다

12 ○ 사도들의 손을 거쳐서 많은 표징과 놀라운 일이 백성 가운데서 일어났다. 그들은 모두 한마음이 되어서, 솔로몬 행각에 모이곤 하였다. 13 다른 사람들은 누구 하나, 감히 그들의 모임에 끼어들지 못하였다. 그러나 백성은 그들을 칭찬하

솔로몬 행각(12절)은 무엇인가요? 특별히 의미 있는 장소였나요? 예루살렘의 헤롯 성전 건물 바깥에는 넓은 뜰이 있는데, 여기에 4열의 큰 기둥들이 길게 늘어서 있고 그 위를 지붕으로 덮은 공간이 있었습니다. 이것이 솔로몬의 행각입니다. 솔로몬 성전의 주랑(행각)을 새로 지어 붙여진 이름이며, 비유대인의 출입도 가능했습니다. 사도들이 지체장애인을 치유했던 곳이기도 하고(5:12), 이전에 예수님께서, 그리고 사도들이 사람들을 가르치던 장소이기도 합니다(요 10:23; 행 3:11). 예수님의 십자가 죽음이 우리 죄를 위한 대속의 죽음이라 믿었던 교회는 성전의 제사에는 더 이상 참여하지 않았지만, 기도와 집회의 장소로 성전을 계속 이용했습니다. 당시 예루살렘 교회의 집회 장소였던 셈입니다.

였다. 14 믿는 사람들이 더욱 늘어나면서, 주님께로 나아오니, 남녀 신도들이 큰 무리를 이루게 되었다. 15 심지어는 병든 사람들을 거리로 메고 나가서, 침상이나 깔자리에 눕혀놓고, 베드로가 지나갈 때에, 그 그림자라도 그들 가운데 누구에게 덮이기를 바랐다. 16 또 예루살렘 근방의 여러 동네에 사는 많은 사람들이 병든 사람들과 악한 귀신에게 시달리는 사람들을 데리고 모여들었는데, 그들은 모두 고침을 받았다.

사도들이 박해를 받다

17 ○ 대제사장과 그의 지지자들인 사두개파 사람들이 모두 시기심이 가득 차서 들고일어나, 18 사도들을 잡아다가 옥에 가두었다. 19 그런데 밤에 주님의 천사가 감옥 문을 열고, 그들을 데리고 나와서 말하기를, 20 "가서, 성전에 서서, 이 생명의 말씀을 남김없이 백성에게 전하여라!" 하였다. 21 이 말을 듣고, 그들은 새벽에 성전에 들어가서 가르치고 있었다.

대제사장, 사두개파 사람들에 이어 공의회, 원로회까지 사도들 문제에 나섭니다 (17-26절). 이것은 종교적인 문제인 건가요, 정치적인 문제인 건가요? 고대사회에서 종교와 정치는 사실상 하나일 때가 많습니다. 로마 황제는 제국의 '대제사장' 이기도 했습니다. 당시 유대 지역(예루살렘)에서는 빌라도가 로마의 총독이었지만 (26-36년 재임), 외교와 군사, 세금 등 주요 영역 외에는 대부분 토착 귀족들에 의한 자치가 이루어졌습니다. 이 토착 권력의 핵심은 성전을 토대로 한 종교 권력자들입니다. 대제사장들을 중심으로 한 공의회(산헤드린)가 공화국 시절 로마의 원로원과 유사한 통치 세력의 핵심이었습니다. 대제사장을 중심으로 한 이 세력들은 신학적으로 사두개파들이었습니다. '공의회와 원로회'라는 표현은 실제로는 '공의회, 즉 원로회'라는 의미입니다. 두 개의 독립된 집단이 아니라 원로들로 이루어진 공의회를 말합니다.

○ 그때에 대제사장이 그와 함께하는 사람들과 더불어 와서, 공의회와 이스라엘의 원로회를 소집하고, 감옥으로 사람을 보내어, 사도들을 데려오게 하였다. 22 경비원들이 감옥에 가서 보니, 사도들이 감옥에 없었다. 그리하여 그들은 돌아와서, 이렇게 보고하였다. 23 "감옥 문은 아주 단단히 잠겨 있고, 문마다 간수가 서 있었는데, 문을 열어보았더니, 안에는 아무도 없었습니다." 24 성전 경비대장과 대제사장들이 이 말을 듣고서, 대체 이 일이 앞으로 어떻게 될까 하고, 사도들의 일로 당황하였다. 25 그때에 어떤 사람이 와서, 그들에게 일렀다. "보십시오, 여러분이 옥에 가둔 그 사람들이 성전에 서서, 백성들을 가르치고 있습니다." 26 그래서 경비대장이 경비대원들과 함께 가서, 사도들을 데리고 왔다. 그러나 그들은 백성들이 돌로 칠까 봐 두려워서 폭력은 쓰지 않았다.

27 ○ 그들이 사도들을 데려다가 공의회 앞에 세우니, 대제사장이 신문하였다. 28 "우리가 그대들에게 그 이름으로 가르치지 말라고 엄중히 명령하였소. 그런데도 그대들은 그대들의

대제사장은 사도들에게 "그 사람 피에 대한 책임을 우리에게 씌우려 한다"(28절)고 지적합니다. 왜 갑자기 예수님의 죽음 문제를 꺼낸 건가요? 예루살렘 청중 앞에서 사도들은 "여러분이 죽인 예수를 하나님께서 살리셨다"(2:36; 3:13–15)고 선포했습니다. 유대 지도자들 앞에서도 똑같이 설교했습니다(4:10). 그러니까 빌라도는 예수님을 풀어주려 했지만, 대제사장을 비롯한 유대의 지도자들이 대중을 사주하고 빌라도에게 압력을 넣어 예수님을 죽게 했다는 이야기입니다. 법적 절차로는 빌라도의 재판에서 십자가형을 언도받은 것이라 유대 지도자들의 책임은 아닐 수 있습니다. 그러나 사도들로서는 사태의 진실을 감출 수 없었습니다. 심지어 지도자들이 협박하는 중에도 사도들은 동일한 비판을 반복하며(30절), 회개를 촉구합니다. 지도자들이 격분해서 사도들을 죽이려 한 것이 전혀 이상하지 않을 정도입니다.

가르침을 온 예루살렘에 퍼뜨렸소. 그대들은 그 사람의 피에 대한 책임을 우리에게 씌우려 하고 있소." 29 베드로와 사도들이 대답하였다. "사람에게 복종하는 것보다, 하나님께 복종하는 것이 마땅합니다. 30 우리 조상들의 하나님은 여러분이 나무에 달아 죽인 예수를 살리셨습니다. 31 하나님께서는 이분을 높이시어 자기 오른쪽에 앉히시고, 영도자와 구주로 삼으셔서, 이스라엘이 회개를 하고 죄 사함을 받게 하셨습니다. 32 우리는 이 모든 일의 증인이며, 하나님께서 자기에게 복종하는 사람들에게 주신 성령도 그러하십니다."

33 ○ 그들은 이 말을 듣고 격분하여, 사도들을 죽이려고 하였다. 34 그런데 율법교사로서, 온 백성에게서 존경을 받는 가말리엘이라는 바리새파 사람이 의회 가운데서 일어나서, 사도들을 잠깐 밖으로 내보내게 한 뒤에, 35 의회원들에게 이렇게 말하였다. "이스라엘 동포 여러분, 여러분은 이 사람들을 어떻게 다룰지 조심하십시오. 36 이전에 드다가 일어나서, 자기를 위대한 인물이라고 선전하니, 약 사백 명이나 되는 사람들이 그를 따랐소. 그러나 그가 죽임을 당하니, 그를 따르던 사람들은

가말리엘(34절)은 누구인가요? 드다나 유다의 예를 든 가말리엘의 말을 옳게 여긴 사람들은 예수님을 정치적인 인물로 보고 있었던 게 아닌가요? 그는 라반 가말리엘 1세로, 바리새파의 전통을 이어받은 랍비 유대교의 첫 세대 '율법교사'입니다. 그가 당시 '모든 백성에게 존경을 받는' 사람이었다는 본문의 언급은 요세푸스나 랍비 문헌에서도 그대로 확인됩니다. 22장에서는 회심 전 바울의 스승으로 나옵니다. 바울이 가말리엘 문하에서 공부했다는 말은 당시 최고 율법 기관에서 가장 좋은 교육을 받았다는 뜻과 같습니다. 바울은 예수님을 믿기 전 자신이 누구보다 철저한 유대교 신자였음을 말하기 위해 이를 언급합니다. 그의 손자 가말리엘 역시 매우 존경받던 랍비였습니다. 사도행전에서 바리새파는 교회를 박해했던 사두개파와 달리 교회에 다소 덜 적대적인 모습으로 그려집니다.

모두 다 흩어져 없어지고 말았소. 37 그 뒤에 인구조사를 할 때에, 갈릴리 사람 유다가 일어나 백성들을 꾀어서, 자기를 뒤따라 반란을 일으키게 한 일이 있소. 그도 죽으니, 그를 따르던 사람들은 다 흩어지고 말았소. 38 그래서 지금 내가 여러분에게 말씀드리는 바는 이것이오. 이 사람들에게서 손을 떼고, 이들을 그대로 내버려두시오. 이 사람들의 이 계획이나 활동이 사람에게서 난 것이면 망할 것이요, 39 하나님에게서 난 것이면 여러분은 그것을 없애버릴 수 없소. 도리어 여러분이 하나님을 대적하는 자가 될까 봐 두렵소." 그들은 그의 말을 옳게 여겼다. 40 그리하여 그들은 사도들을 불러다가 때린 뒤에, 예수의 이름으로 말하지 말라고 명령하고서 놓아주었다. 41 사도들은 예수의 이름 때문에 모욕을 당할 수 있는 자격을 얻게 된 것을 기뻐하면서, 공의회에서 물러나왔다. 42 그들은 날마다 성전에서, 그리고 이 집 저 집에서 쉬지 않고 가르치고 예수가 그리스도임을 전하였다.

기적을 행하며 예수 부활의 복음을 전하다가 감옥에 갇힌 사도들은 풀려난 뒤에도 대제사장과 사두개파의 명령을 어기고 더 열심히 활동을 계속하는데요. 대체 그들이 그렇게까지 열심을 낸 이유는 무엇인가요? 예수의 복음이 생명을 약속하는 진리라는 깨달음, 그리고 이 약속이 모든 사람을 위한 것이라는 확신 때문입니다. 부활하신 예수님을 만났던 사도들은 그들이 이 복음의 산증인으로 부르심을 받았다고 굳게 믿었습니다(1:8). 4장 19~20절에 나오는 베드로의 말이 최고의 답변입니다. 사소한 뉴스거리만 가져도 입이 근질근질한데, 구원의 기쁜 소식을 깨우친 사람들의 심정이 어땠을지는 더 말할 것도 없겠지요.

{ 제6장 }

일곱 일꾼을 뽑다

1 이 시기에 제자들이 점점 불어났다. 그런데 그리스 말을 하는 유대 사람들이 히브리 말을 하는 유대 사람들에게 불평을 터뜨렸다. 그것은 자기네 과부들이 날마다 구호 음식을 나누어 받는 일에 소홀히 여김을 받기 때문이었다. 2 그래서 열두 사도가 제자들을 모두 불러놓고 말하였다. "우리가 하나님의 말씀을 전하는 일은 제쳐놓고서 음식 베푸는 일에 힘쓰는 것은 좋지 못합니다. 3 그러니 형제자매 여러분, 신망이 있고 성령과 지혜가 충만한 사람 일곱을 여러분 가운데서 뽑으십시오. 그러면 그들에게 이 일을 맡기고, 4 우리는 기도하는 일과 말씀을 섬기는 일에 헌신하겠습니다." 5 모든 사람이 이 말을 좋게 받아들여서, 믿음과 성령이 충만한 사람인 스데반과 빌립과 브로고로와 니가노르와 디몬과 바메나와 안디옥 출신의 이방 사람으로서 유대교에 개종한 사람인 니골라를 뽑아서, 6 사도들 앞에 세웠다. 사도들은 기도하고, 그들에게 안수하였다.

일곱 일꾼을 뽑았는데, 이 선정은 특별히 어떤 의미가 있나요? 특이한 이름들이 포함된 이들 일곱 사람은 모두 헬라어가 모국어인 디아스포라 유대인 출신 신자들입니다. 표면적으로는 재정 관리의 임무를 맡지만, 실제로는 헬라파 신자들 그룹의 지도자로 선택되었습니다. 이전까지는 교회 지도자들이 토박이 출신(히브리파) 일색이다가, 이제 비로소 지도력의 균형을 맞춘 셈입니다. 이들의 등장과 함께 헬라파 유대인들을 향한 선교가 본격화되고, 교회의 역사는 중대한 전환점을 맞이합니다. 이들 일곱 사람은 교회가 유대인의 울타리를 넘어 모든 민족을 위한 복음으로 확장되는 과정에서 결정적 가교 역할을 한 사람들입니다.

7 ○ 하나님의 말씀이 계속 퍼져나가서 예루살렘에 있는 제자들의 수가 부쩍 늘어가고, 제사장들 가운데서도 이 믿음에 순종하는 사람들이 많았다.

스데반이 체포되다

8 ○ 스데반은 은혜와 능력이 충만해서, 백성 가운데서 놀라운 일과 큰 기적을 행하고 있었다. 9 그때에 구레네 사람과 알렉산드리아 사람과 길리기아와 아시아에서 온 사람으로 구성된, 이른바 리버디노 회당에 소속된 사람들 가운데에서 몇이 들고일어나서, 스데반과 논쟁을 벌였다. 10 그러나 스데반이 지혜와 성령으로 말하므로, 그들은 스데반을 당해낼 수 없었다. 11 그러므로 그들은 사람들을 선동하여 "스데반이 모세와 하나님을 모독하는 말을 하는 것을 우리가 들었습니다" 하고 말하게 하였다. 12 그리고 백성과 장로들과 율법학자들을 부추기고, 스데반에게로 몰려가 그를 붙잡아서, 공의회로 끌고 왔다. 13 그리고 거짓 증인들을 세워서, 이렇게 말하게 하였다. "이 사람은 쉴 새 없이 [이] 거룩한 곳과 율법을 거슬러 말을 합니다. 14 이 사람

사람들은 왜 가짜 뉴스까지 동원해 스데반을 몰아갔을까요? 그렇게 민감한 반응을 보인 이유가 궁금합니다. 증인은 조작되었지만, 역설적으로 그 증언 속에는 중요한 사실이 들어 있습니다. 성전과 율법은 선민 유대인의 자부심을 집약하는 정체성의 핵심 상징입니다. 하지만 이스라엘 밖에서 나고 자란 '교포'인 데다가, 이제 '유대인'뿐 아니라 예수님을 믿는 모두가 하나님의 백성이라 믿게 된 헬라파 지도자들은 성전과 율법에 대한 유대인의 집착이 하나님을 향한 참된 헌신을 방해한다고 여겨 날 선 비판을 가합니다. 이때부터 교회는 사두개파 지도자뿐 아니라 유대의 민족적 정서 자체와 갈등을 빚게 되고, 이는 스데반의 순교와 더불어 대규모 박해로 이어집니다(8장).

이, 나사렛 예수가 이곳을 헐고 또 모세가 우리에게 전하여준 규례를 뜯어고칠 것이라고 말하는 것을, 우리가 들었습니다." 15 공의회에 앉아 있는 사람들이 모두 스데반을 주목하여 보니, 그 얼굴이 천사의 얼굴 같았다.

{ 제7장 }

스데반의 설교

1 대제사장이 스데반에게 물었다. "이것이 사실이오?" 2 스데반이 말하였다. "부형 여러분, 내 말을 들어보십시오. 우리 조상 아브라함이 하란에 거주하기 전에, 아직 메소포타미아에 있을 때에, 영광의 하나님께서 그에게 나타나셔서 말씀하시기를 3 '너는 네 고향과 친척을 떠나서, 어디든지 내가 지시하는 땅으로 가거라' 하셨습니다. 4 그래서 그는 갈대아 사람들의 땅을 떠나 하란으로 가서, 거기서 살았습니다. 그의 아버지가 죽은 뒤에,

스데반이 말한 아브라함이란 인물은 누구이며, 스데반은 왜 그의 이야기부터 꺼낸 건가요? 구약성경의 창세기를 보면, 1~11장에선 인류 전체와 관련된 이야기를 들려주고, 12장부터는 아브라함이라는 한 인물과 그의 가족 이야기가 시작됩니다. 아브라함은 최초의 족장(Patriarch)으로, 이스라엘 민족의 시조가 되는 인물입니다. 그래서 유대인들은 그들의 하나님을 '아브라함의 하나님, 이삭의 하나님, 야곱의 하나님'으로 부르곤 했습니다. 하나님께서는 아브라함을 선택하고 그의 후손들을 자기백성으로 삼으셨으며, 그들에게 가나안(팔레스타인) 땅을 주겠다고 약속하셨습니다. 스데반은 이스라엘 역사의 시초인 아브라함에서부터 하나님의 영광은 특정 지역(성전, 예루살렘, 이스라엘)에 얽매이지 않았다는 역사적 논증을 펴고 있습니다.

하나님께서 그를 하란에서 지금 여러분이 사는 이 땅으로 옮기셨습니다. 5 그러나 하나님께서는 여기에서 유산으로 물려줄 손바닥만 한 땅도 그에게 주지 않으셨습니다. 아브라함에게 자식이 없는데도, 하나님께서는 그와 그의 후손들에게 이 땅을 소유로 주시겠다고 약속하셨습니다. 6 그리고 하나님께서는 아브라함에게 이렇게 말씀하셨습니다. '네 후손들은 외국 땅에서 나그네가 되어 사백 년 동안 종살이를 하고 학대를 받을 것이다.' 7 또 하나님께서 말씀하시기를 '그러나 그들을 종으로 부리는 그 민족을 내가 심판하겠고, 그 뒤에 그들은 빠져나와서, 이곳에서 나를 예배할 것이다' 하셨습니다. 8 그리고 하나님께서는 아브라함에게 할례의 언약을 주셨습니다. 그래서 아브라함은 이삭을 낳고, 여드레째 되는 날에 그에게 할례를 행하고, 이삭은 야곱에게 또 야곱은 열두 족장에게 할례를 행하였습니다.
9 ○ 그런데 그 족장들은 요셉을 시기하여, 이집트에다 팔아넘겼습니다. 그러나 하나님께서 그와 함께하셔서, 10 모든 환난에서 그를 건져내시고, 그에게 은총과 지혜를 주셔서, 이집트의 바로 왕에게 총애를 받게 하셨습니다. 바로는 그를 총리로

야곱이 할례를 준 열두 족장과 요셉은 누구인가요? 왜 그 족장들은 요셉을 시기했나요?(8~9절) 아버지 이삭과 형 에서를 속이고 외삼촌에게 피신했던 야곱은 거기서 사촌 레아와 라헬을 아내로 얻습니다. 두 아내의 자식 경쟁으로 그들의 몸종이었던 실바와 빌하도 야곱의 첩이 되어 그들로부터 10명의 아들이 태어나고, 아이를 못 낳던 라헬 역시 뒤늦게 아들 요셉과 베냐민을 낳아 야곱의 아들은 모두 12명이 됩니다. 즉 이스라엘 열두 지파의 기원입니다. 한편 사랑했던 아내 라헬의 두 자식에 대한 야곱의 편애는 노골적이었고, 그렇게 자란 요셉 역시 기고만장했습니다. 나머지 형들이 요셉을 싫어한 것이 전혀 이상하지 않습니다. 이런 가족사는 나중에 이집트 이주와 노예 생활, 그리고 이집트 탈출이라는 극적인 이스라엘의 드라마로 이어집니다.

세워서, 이집트와 자기 온 집을 다스리게 하였습니다. 11 그때에 이집트와 가나안 온 지역에 흉년이 들어서 재난이 극심하였는데, 우리 조상들은 먹을거리를 구할 수 없었습니다. 12 야곱이 이집트에 곡식이 있다는 소문을 듣고서, 우리 조상들을 처음으로 거기로 보냈습니다. 13 그들이 두 번째 갔을 때에, 요셉이 그의 형들에게 자기를 알리니, 이 일로 말미암아 요셉의 가족 관계가 바로에게 알려졌습니다. 14 요셉이 사람을 보내서, 그의 아버지 야곱과 모든 친족 일흔다섯 사람을 모셔오게 하였습니다. 15 야곱이 이집트로 내려가서, 그도 거기서 살다가 죽고, 우리 조상들도 살다가 죽었습니다. 16 그리고 그들의 유해는 나중에 세겜으로 옮겨서, 전에 아브라함이 세겜의 하몰 자손에게서 은을 주고 산 무덤에 묻었습니다.

17 ○ 하나님께서 아브라함에게 약속하신 때가 가까이 왔을 때에, 그 백성은 이집트에서 늘어나고 불어났습니다. 18 마침내, 요셉을 알지 못하는 다른 임금이 이집트의 왕위에 올랐습니다. 19 이 임금이 우리 겨레에게 교활한 정책을 써서, 우리 조상들을 학대하되, 갓난아기들을 내다 버리게 하여서, 살아남지 못하게 하였습니다. 20 바로 이때에 모세가 태어났습니

아브라함으로 시작된 이야기는 요셉으로 이어집니다. 그는 어떤 점에서 아브라함만큼 중요한 인물인가요? 스데반은 설교하면서 요셉을 약속의 땅 가나안에서 이집트로 팔아넘긴 인물들로 요셉의 형들을 묘사합니다. 하지만 하나님께서는 이집트에서도 줄곧 요셉과 함께하셨으며, 그렇기에 요셉이 결국 총리의 자리에까지 오르게 되었다고 기술합니다. 또 이집트에서 총리로 있던 요셉의 도움 덕분에 흉년으로 고통받던 가나안의 나머지 가족들이 위기에서 벗어난 이야기 역시 길게 묘사합니다. 스데반의 설교에서는 요셉 이야기 역시 하나님의 영광이 특정 땅에 국한되지 않는다는 사실을 밝히기 위한 사례입니다.

다. 그는 용모가 아주 잘생긴 아기였습니다. 그의 부모는 그를 석 달 동안 몰래 집에서 길렀습니다. 21 그 뒤에 어쩔 수 없어서 내다 버렸는데, 바로의 딸이 데려다가 자기 아들로 삼아서 길렀습니다. 22 모세는 이집트 사람의 모든 지혜를 배워서, 그하는 말과 하는 일에 능력이 있었습니다.

23 ㅇ 모세가 마흔 살이 되었을 때에, 그의 마음에 자기 동족인 이스라엘 사람의 사정을 살펴볼 생각이 났습니다. 24 어느날 그는 자기 동족 한 사람이 억울한 일을 당하는 것을 보고, 그의 편을 들어, 이집트 사람을 때려죽여서, 압박받는 사람의 원한을 풀어주었습니다. 25 그는 [자기] 동포가 하나님이 자기 손을 빌려서 그들을 구원하여주신다는 것을 깨달을 것으로 생각하였는데, 그들은 깨닫지 못하였습니다. 26 이튿날 모세는 동족들끼리 서로 싸우는 자리에 나타나서, 그들을 화해시키려고 하여 말하기를 '이 사람들아, 그대들은 한 형제가 아닌가? 그런데 어찌하여 서로 해하는가?' 하였습니다. 27 그런데 동료에게 해를 입히던 사람이 모세를 떠밀고서 이렇게 말하였습니다. '누가 너를 우리의 지도자와 재판관으로 세웠느냐? 28 어

모세는 마흔 살이 되어서야 동족의 사정을 살피다 곧바로 살인자가 되고 맙니다. 이 이야기가 의미하는 바는 무엇인가요? 스데반의 역사적 논증에서 이집트는 결국 탈출해야 할 곳이면서 동시에 모세를 왕자로 삼아 당대 최고의 교육을 시킨 곳이기도 합니다. 마흔 살 무렵, 모세가 동족의 원한을 풀기 위해 이집트 사람을 살해하는 사건은 이스라엘 사람이라는 자신의 정체성을 공식화하는 계기가 됩니다. 하지만 지금 스데반 앞에 서 있는 청중들의 조상인 당시 이스라엘은 모세를 살인자로 규정하고, 모세를 자신들의 지도자로 받아들이기를 거부했습니다. 그 후 40년 동안 모세는 이곳도 저곳도 아닌 미디안 땅에서 방랑의 삶을 살게 됩니다. 모세를 민족 해방자가 아니라 '살인자'로 묘사한 것은 그를 거부했던 이스라엘의 태도를 단적으로 보여줍니다.

제는 이집트 사람을 죽이더니, 오늘은 또 나를 그렇게 죽이려 하는가?' 29 이 말을 듣고서, 모세는 도망하여, 미디안 땅에서 나그네가 되었습니다. 거기서 그는 아들 둘을 낳았습니다.

30 ○ 사십 년이 지난 뒤에, 천사가 시내산 광야에서 가시나무 떨기 불길 속에서 모세에게 나타났습니다. 31 모세가 이 광경을 보고 기이하게 여겨서, 자세히 보려고 가까이 가는데, 주님의 음성이 들렸습니다. 32 '나는 네 조상들의 하나님, 곧 아브라함의 하나님, 이삭의 하나님, 야곱의 하나님이다.' 모세는 두려워서 감히 바라보지 못하였습니다. 33 그때에 주님께서 모세에게 말씀하셨습니다. '네 신발을 벗어라. 네가 서 있는 곳은 거룩한 땅이다. 34 나는 이집트에 있는 내 백성이 학대받는 것을 분명히 보았고, 또 그들이 신음하는 소리를 들었다. 그러므로 나는 그들을 구원하려고 내려왔다. 이제 내가 너를 이집트로 보내니, 너는 가거라.' 35 이 모세로 말하면, 이스라엘 백성이 '누가 너를 우리의 지도자와 재판관으로 세웠느냐?' 하고 배척한 사람인데, 하나님께서는 바로 이 모세를 가시나무 떨기

모세는 마흔 살에 나그네가 되었고, 40년 뒤에 하나님의 부르심을 받았으며, 다시 40년 동안 광야 생활을 합니다. 이 40이라는 숫자에 특별한 의미가 있나요? 유대인들에게 40이라는 수는 깊은 의미가 있습니다. 우선 모세의 삶에서 결정적 전환이 40을 기점으로 이루어집니다. 모세는 마흔이 되어 이스라엘 사람으로서 정체성을 확실히 하게 되었고, 40년 광야 생활 후 이스라엘의 지도자로 세워졌습니다. 그 뒤 그의 영도로 이집트를 나온 이스라엘은 40년 동안 광야에서 방랑합니다. 예언자 엘리야의 40일 광야 여정도 잘 알려져 있습니다(왕상 19:8). 신약성경에서 예수님께서 광야에서 40일 동안 사탄에게 시험을 받고 그것을 잘 극복하신 후 메시아로서 본격적인 사역을 시작하신 일 역시 이스라엘의 역사에서 광야와 40이라는 수가 지닌 상징적 의미와 관련됩니다. 예수님의 철저한 순종을 통해 이스라엘의 불순종과 시련의 역사를 다시 쓰는 이야기가 되는 셈입니다.

속에 나타난 천사의 능한 손길을 붙여 지도자와 해방자로 세워서 그들에게로 보내셨습니다. 36 이 사람이 이집트 땅과 홍해에서 놀라운 일과 표징을 행하여 그들을 이끌어냈으며, 사십 년 동안 광야에서도 그러한 일을 행하였습니다. 37 '하나님께서는 나를 세우신 것과 같이, 너희를 위하여 너희의 동족 가운데서 한 예언자를 세워주실 것이다' 하고 이스라엘 백성에게 말한 사람이 바로 이 모세입니다. 38 이 사람은, 이스라엘 백성이 광야에서 회중으로 모여 있을 때에, 시내산에서 그에게 말하는 천사와 우리 조상들 사이에 중개자가 되어서, 산 말씀을 받아서 우리에게 전해준 사람입니다. 39 그러나 우리 조상들은 그의 말을 들으려고 하지 않았고, 그를 제쳐놓고서 이집트로 돌아가고 싶어 하였습니다. 40 그래서 그들은 아론에게 말하였습니다. '우리를 인도할 신들을 우리에게 만들어주십시오. 이집트 땅에서 우리를 이끌어내 온 그 모세가 어떻게 되었는지, 우리는 도무지 모르겠습니다.' 41 그때에 그들은 송아지를 만들어놓고서 그 우상에게 희생제물을 바치고, 자기들의 손으로 만든 것을 두고 즐거워하였습니다. 42 그래서 하나

이스라엘 백성은 왜 이집트로 다시 돌아가고 싶어 했나요? 노예는 자유를 갈망하지만, 자유에 동반되는 위험과 긴장이 그다지 반갑지는 않을 것입니다. 먹을 것과 마실 것을 구하기가 쉽지 않은 광야라면 더욱 그럴 것입니다. 그래서 광야에서 이스라엘은 음식과 물이 궁할 때마다 모세를 원망하고 비난했습니다. 그 핵심 '레퍼토리'는 현재 광야의 열악함과 과거 이집트의 풍부함을 비교하는 것입니다. "이게 무슨 생고생이냐?" 하는 불평이 "그땐 배라도 불렀지" 하는 왜곡된 기억과 뒤섞였습니다. 가나안에 들어갈 희망이 희미해질수록, 그들은 배고픈 자유보다 배부른 노예의 삶이 낫다고 생각했습니다. 물론 이와 같은 태도는 그들을 이집트에서 이끌어내 자기 백성으로 삼으신 하나님을 배반하는 일이었고, 그래서 끝내 그들 대부분이 광야에서 생을 마감하는 원인이 됩니다.

님께서는 그들에게서 얼굴을 돌리시고, 그들을 내버려두셔서, 하늘의 별들을 섬기게 하셨습니다. 이것은 예언자들의 책에 기록된 바와 같습니다. '이스라엘 가문아, 너희가 사십 년 동안 광야에 있을 때에, 희생물과 제물을 내게 바친 일이 있었느냐? 43 너희는 몰렉 신의 장막과 레판 신의 별을 받들었다. 그것들은 너희가 경배하려고 만든 형상들이 아니더냐? 그러므로 나는 너희를 바빌론 저쪽으로 옮겨버리겠다.'

44 ○ 우리 조상들이 광야에 살 때에, 그들에게 증거의 장막이 있었습니다. 그것은 모세에게 말씀하시는 분이 지시하신 대로 만든 것인데, 모세가 본 모형을 따라 만들었습니다. 45 우리 조상들은 이 장막을 물려받아서, 하나님께서 우리 조상들 앞에서 쫓아내신 이방 민족들의 땅을 차지할 때에, 여호수아와 함께 그것을 그 땅에 가지고 들어왔고, 다윗 시대까지 물려주었습니다. 46 다윗은 하나님의 은총을 입은 사람이므로, 야곱의 집안을 위하여 하나님의 거처를 마련하게 해달라고 간구하였습니다. 47 그러나 야곱의 집안을 위하여 집을 지은 사람은 솔로몬이었습니다. 48 그런데 지극히 높으신 분께서는 사람의 손으로 지은 건물 안에 거하지 않으십니다. 그것은 예언자가

스데반은 중요한 내용만 짚고 있는 것 같은데, 그가 언급한 '증거의 장막'(44절)은 무엇인가요? 이스라엘이 출애굽 이후 광야에서 천막 형태로 만든 성소로, 일종의 이동식 성전입니다. '성막', '회막' 등 다양한 이름으로 불립니다. 하나님께 제사하고 하나님의 영광을 경험했던 예배의 자리였으며, 광야 여정 내내 이스라엘 진영 한가운데서 그들과 함께 움직였습니다. 가나안 정착 후에도 한동안 천막 형태로 존재하다가 솔로몬에 의해 아예 '집'으로 바뀌었습니다. 하지만 스데반은 온 세상의 하나님께서 사람의 손으로 만든 집에 머무시지 않는다고 강조하면서, 예루살렘 성전에 대한 청중들의 집착이 거의 우상숭배에 버금간다고 비판합니다.

말하기를 49 '주님께서 말씀하신다. 하늘은 나의 보좌요, 땅은 나의 발판이다. 너희가 나를 위해서 어떤 집을 지어주겠으며 내가 쉴 만한 곳이 어디냐? 50 이 모든 것이 다 내 손으로 만든 것이 아니냐?' 한 것과 같습니다.

51 ○ 목이 곧고 마음과 귀에 할례를 받지 못한 사람들이여, 당신들은 언제나 성령을 거역하고 있습니다. 당신네 조상들이 한 그대로 당신들도 하고 있습니다. 52 당신들의 조상들이 박해하지 않은 예언자가 한 사람이라도 있었습니까? 그들은 의인이 올 것을 예언한 사람들을 죽였고, 이제 당신들은 그 의인을 배반하고 죽였습니다. 53 당신들은 천사들이 전하여준 율법을 받기만 하고, 지키지는 않았습니다."

스데반의 순교

54 ○ 그들은 이 말을 듣고 격분해서, 스데반에게 이를 갈았다. 55 그런데 스데반이 성령이 충만하여 하늘을 쳐다보니, 하나님의 영광이 보이고, 예수께서 하나님의 오른쪽에 서계신 것

스데반의 기나긴 설교에 사람들은 격분하고 결국 그를 죽이기까지 합니다. 대체 무엇이 그들을 그렇게 화나게 만들었나요? 스데반의 설교이자 변호문의 핵심 논지는 이러합니다. 우선 이스라엘 역사의 핵심 인물들은 예루살렘 성전과 무관한 이방 땅에서 영광의 하나님을 만났다는 것, 그리고 온 우주의 하나님께서는 손으로 지은 성전에 계시지 않기에 성전에 대한 맹목적 집착은 오히려 우상숭배에 버금간다는 것. 마지막으로 지금 유대인들은 의인 예수님을 배척함으로써 과거 선지자들을 박해한 조상의 행태를 답습하고 있으며 예수가 올 것을 예고한 율법의 참 뜻을 저버렸다는 것입니다. 결국 스데반은 예수님의 이름으로 선민이라는 정체성의 핵심 상징들을 비판하면서 유대인의 민족적 정서를 아프게 자극한 셈입니다. 이런 날카로운 비판이 당시 유대인들을 격노케 하고도 남았을 것입니다.

이 보였다. 56 그래서 그는 "보십시오, 하늘이 열려 있고, 하나님의 오른쪽에 인자가 서계신 것이 보입니다" 하고 말하였다. 57 사람들은 귀를 막고, 큰 소리를 지르고서, 일제히 스데반에게 달려들어, 58 그를 성 바깥으로 끌어내서 돌로 쳤다. 증인들은 옷을 벗어서, 사울이라는 청년의 발 앞에 두었다. 59 사람들이 스데반을 돌로 칠 때에, 스데반은 "주 예수님, 내 영혼을 받아주십시오" 하고 부르짖었다. 60 그리고 무릎을 꿇고서 큰 소

스데반의 순교를 묘사한 석각 Saint Etienne du Mont Church, Paris

"증인들은 옷을 벗어서, 사울이라는 청년의 발 앞에 두었다"(58절). 이런 행위는 무엇을 뜻하나요? 어느 시대를 막론하고 옷은 정체성의 상징으로 자주 사용됩니다. 이들의 행동을 요즘 말로 표현하자면, 사울이 대표로 성명서를 발의했고, 그 자리에 참석한 사람들 모두가 그 성명서에 자필로 서명했다는 말과 같습니다. 즉 지금 벌이는 일에 대해 자신의 이름을 걸고 함께 책임을 지겠다는 뜻입니다. 당시 사형을 선고하고 집행할 권리가 유대인에게 있었는지는 분명하지 않습니다. 만일 이 일이 합법적인 처형이 아니라 격분한 군중들의 사적인 폭력 행위였다면 그 의미는 더욱 분명해집니다.

리로 "주님, 이 죄를 저 사람들에게 돌리지 마십시오" 하고 외쳤다. 이 말을 하고 스데반은 잠들었다.

{ 제8장 }

1 사울은 스데반이 죽임당한 것을 마땅하게 여겼다.

교회가 박해를 받다

○ 그날에 예루살렘 교회에 큰 박해가 일어났다. 그래서 사도
들 이외에는 모두 유대 지방과 사마리아 지방으로 흩어졌다.
2 경건한 사람들이 스데반을 장사하고, 그를 생각하여 몹시 통
곡하였다. 3 그런데 사울은 교회를 없애려고 날뛰었다. 그는
집집마다 찾아 들어가서, 남자나 여자나 가리지 않고 끌어내
서, 감옥에 넘겼다.

사마리아에 복음을 전하다

4 ○ 그런데 흩어진 사람들은 두루 돌아다니면서 말씀을 전하

사울이란 인물은 누구인가요? 그는 왜 스데반의 죽음을 '마땅하게'(1절) 여기고, 심
지어 교회를 없애려고 날뛴 것인가요? 22장과 26장에도 나오는 것처럼, 사울은 바
리새파에 속하며 유명한 율법교사 가말리엘 아래에서 엄격한 율법 교육을 받았습
니다. 당시 하나님의 백성이 되는 것은 사실상 다른 민족들과 구별되는 것을 의미했
습니다. 따라서 유대인들은 할례나 안식일 준수, 음식 관련 규정 등으로 유대인이라
는 정체성을 확인하고 유지하는 데 애를 썼습니다. 또 이러한 열정은 헬라파 기독교
인들처럼 유대적 정체성을 훼손하는 듯 보이는 이들을 공격하는 것으로도 표현되
었고, 종종 물리적 폭력이 동반되었습니다. 사울이 그런 사람이었습니다. 훗날 바울
이 남긴 편지들에도 이런 '흑역사'가 종종 언급됩니다. 하지만 이후 그는 문화적 종
교적 정체성이 아닌 초월적 생명이 신앙의 핵심이라는 사실을, 그래서 하나님께서
는 유대인만의 하나님이 아니라 모두의 하나님이라는 사실을 깨닫게 됩니다.

였다. 5 빌립은 사마리아 성에 내려가서, 사람들에게 그리스도를 선포하였다. 6 무리는 빌립이 행하는 표징을 듣고 보면서, 그가 하는 말에 한마음으로 귀를 기울였다. 7 그것은, 귀신 들린 많은 사람에게서 악한 귀신들이 큰 소리를 지르면서 나갔고, 많은 중풍병 환자와 지체장애인이 고침을 받았기 때문이다. 8 그래서 그 성에는 큰 기쁨이 넘쳤다.

9 ㅇ 그 성에 시몬이라는 사람이 있었는데, 그는 마술을 부려서 사마리아 사람들을 놀라게 하며, 스스로 큰 인물인 체하는 사람이었다. 10 그래서 낮은 사람으로부터 높은 사람에 이르기까지 모두 "이 사람이야말로 이른바 하나님의 위대한 능력의 소유자이다" 하고 말하면서, 그를 따랐다. 11 사람들이 그를 따른 것은, 오랫동안 그가 마술로 그들을 놀라게 했기 때문이다. 12 그런데 빌립이 하나님 나라와 예수 그리스도의 이름에 관한 기쁜 소식을 전하니, 남자나 여자나 다 그의 말을 믿고서 세례를 받았다. 13 시몬도 믿게 되었고, 세례를 받은 뒤에 항상 빌립을 따라다녔는데, 그는 빌립이 표징과 큰 기적을 잇따라 행하는 것을 보면서 놀랐다.

8장을 보면 스데반의 죽음 이후 여러 곳에서, 또 여러 사람에게 복음이 전해지는 과정이 매우 극적으로 나와 있습니다. 이런 내용들을 중요하게 다룬 이유는 무엇입니까? 책 제목인 '사도들의 행적'은 1장 8절의 말씀처럼, 사도들이 증언하는 예수의 복음이 전 세계로 퍼져나가는 이야기입니다. 8장 이후부터는 예루살렘과 유대라는 울타리를 넘어, 유대인들이 매우 멸시했던 사마리아와 비유대인들에게 복음이 전파되는 이야기가 전개됩니다. 교회 역사에서 매우 중대한 모퉁이를 도는 시점이어서, 그 중 몇몇 의미심장한 사건들을 자세히 들려줍니다. 바로 다음 9장에 훗날 '이방인의 사도'로 불리는 사울(사도 바울)의 회심 이야기가, 그리고 10–11장에 비유대인 고넬료의 회심 이야기가 나오는 것도 우연이 아닙니다.

14 ㅇ 사마리아 사람들이 하나님의 말씀을 받아들였다는 소식을 예루살렘에 있는 사도들이 듣고서, 베드로와 요한을 그들에게로 보냈다. 15 두 사람은 내려가서, 사마리아 사람들이 성령을 받을 수 있게 하려고, 그들을 위하여 기도하였다. 16 사마리아 사람들은 주 예수의 이름으로 세례만 받았을 뿐이요, 그들 가운데 아무에게도 아직 성령이 내리시지 않았던 것이었다. 17 그래서 베드로와 요한이 그들에게 손을 얹으니, 그들이 성령을 받았다. 18 시몬은 사도들이 손을 얹어서 성령을 받게 하는 것을 보고, 그들에게 돈을 내고서, 19 말하기를 "내가 손을 얹는 사람마다, 성령을 받도록 내게도 그런 권능을 주십시오" 하니, 20 베드로가 그에게 말하였다. "그대가 하나님의 선물을 돈으로 사려고 생각하였으니, 그대는 그 돈과 함께 망할 것이오. 21 그대는 하나님이 보시기에 마음이 바르지 못하니, 우리의 일에 그대가 차지할 자리도 몫도 없소. 22 그러므로 그대는 이 악한 생각을 회개하고, 주님께 기도하시오. 그러면 행여나 그대는 그대 마음속의 나쁜 생각을 용서받을 수 있을지도 모르오. 23 내가 보니, 그대는 악의가 가득하며, 불의에 얽매여 있소."

사마리아 사람들이 하나님의 말씀을 받아들였다는 것은 특별한 의미가 있나요? 사도들이 베드로와 요한을 따로 보내기도 하는 걸 보면요. 솔로몬 이후 이스라엘은 남북으로 분열되었고, 북쪽 이스라엘은 앗시리아의 속국이 됩니다. 이때 북 이스라엘의 수도였던 사마리아는 거기 정착한 많은 이방인들로 인해 혈통적, 신앙적 순수성을 상실합니다. 그래서 1세기 당시의 유대인들은 사마리아인을 사실상 이방인으로 간주했고, 이 둘 사이의 적대감은 매우 컸습니다. 이러한 사마리아 사람들이 복음을 믿고 하나님의 백성이 되는 일은 쉽지 않습니다. 더욱이 헬라파 지도자 가운데 하나인 빌립이 한 일이라 더 미심쩍게 보일 수도 있습니다. 교회의 기둥인 베드로와 요한의 파송은 이 놀라운 일을 확인하고 마무리하면서, 그 회심의 진정성을 인정하는 의미가 있습니다. 사마리아가 하나님의 백성이 되었음을 인정하는, 혁명적 발걸음의 시작입니다.

24 시몬이 대답하였다. "여러분들이 말한 것이 조금도 내게 미치지 않도록, 나를 위하여 주님께 기도해주십시오."

25 ○ 이렇게 베드로와 요한은 주님의 말씀을 증언하여 말한 뒤에, 예루살렘으로 돌아가는 길에, 사마리아 사람의 여러 마을에 복음을 전하였다.

빌립이 에티오피아 내시에게 복음을 전하다

26 ○ 그런데 주님의 천사가 빌립에게 말하였다. "일어나서 남쪽으로 나아가서, 예루살렘에서 가사로 내려가는 길로 가거라. 그 길은 광야 길이다." 27 빌립은 일어나서 가다가, 마침 에티오피아 사람 하나를 만났다. 그는 에티오피아 여왕 간다게의 고관으로, 그 여왕의 모든 재정을 관리하는 내시였다. 그는 예배하러 예루살렘에 왔다가, 28 돌아가는 길에 마차에 앉아서 예언자 이사야의 글을 읽고 있었다. 29 성령이 빌립에게 말씀하셨다. "가서, 마차에 바짝 다가서거라." 30 빌립이 달려가서, 그 사람이 예언자 이사야의 글을 읽는 것을 듣고 "지금 읽으시는 것을 이해하십니까?" 하고 물었다. 31 그가 대답하기

마술을 쓰고 스스로 큰 인물인 체했는 시몬에게 취했던 베드로와 요한의 말과 태도는 매우 거침없어 보입니다. 이들은 원래 이렇게 담대한 성격의 소유자였나요? 각 인물들의 본래 성격을 무시하긴 어렵겠지만, 이들은 부활하신 예수님을 만난 사람들이며, 예수님이 참 생명의 열쇠임을 확신하는 사람들입니다. 시몬을 대하는 베드로와 요한의 태도는 앞서 사두개파 지도자들에게 당당히 맞서던 모습과 다르지 않습니다. 과거 베드로가 두려움에 사로잡혀 예수님을 부인하던 때와는 판이한 모습입니다(눅 22:54-62). 기독교만의 이야기는 아니지만, 진리에 대한 확신은 불리한 상황에도 굴하지 않고 믿는 바를 거침없이 밝히는 당당함으로도 드러납니다.

를 "나를 지도하여주는 사람이 없으니, 내가 어떻게 깨달을 수 있겠습니까?" 하고, 올라와서 자기 곁에 앉기를 빌립에게 청하였다. 32 그가 읽던 성경 구절은 이것이었다. "양이 도살장으로 끌려가는 것과 같이, 새끼 양이 털 깎는 사람 앞에서 잠잠한 것과 같이, 그는 입을 열지 않았다. 33 그는 굴욕을 당하면서, 공평한 재판을 박탈당하였다. 그의 생명이 땅에서 빼앗겼으니, 누가 그의 세대를 이야기하랴?"

34 ○ 내시가 빌립에게 말하였다. "예언자가 여기서 말한 것은 누구를 두고 한 말입니까? 자기를 두고 한 말입니까, 아니면 다른 사람을 두고 한 말입니까?" 35 빌립은 입을 열어서, 이 성경 말씀에서부터 시작하여, 예수에 관한 기쁜 소식을 전하였다. 36 그들이 길을 가다가, 물이 있는 곳에 이르니, 내시가 말하였다. "보십시오. 여기에 물이 있습니다. 내가 세례를 받는 데에, 무슨 거리낌이 되는 것이라도 있습니까?" 37 (없음) 38 빌립은 마차를 세우게 하고, 내시와 함께 물로 내려가서, 그에게 세례를 주었다. 39 그들이 물에서 올라오니, 주님의 영

여기 나오는 에티오피아(27절)는 오늘날의 에티오피아와 같은 곳인가요? 에티오피아 여왕을 모시는 관리가 예배하러 예루살렘에 왔다는 건 무슨 의미인가요? 지리적으로 오늘날의 에티오피아가 아니라 수단 인근 지역입니다. 고대 그리스의 작가 호메로스가 묘사한 에티오피아는 먼 '마지막 나라'이기도 했고, 반면 종교심이 많은 나라이기도 했습니다. 본문에 등장하는 에티오피아 사람은 거세된 환관이자 그 나라의 실력자였는데, 이미 유대교를 받아들이고 유대인의 하나님을 섬기는 '경건한 사람'이었습니다. 하지만 그는 신체 조건상 할례를 받고 개종하는 것이 불가능한 처지였습니다. 말하자면 인종적, 신체적으로 이중의 장벽이 있었습니다. 하지만 빌립의 전도를 통해 그는 하나님의 백성이 되고 교회의 일원이 됩니다. 점점 장벽을 넘어가는 복음의 모습이 구체적으로 드러나는 한 장면입니다.

이 빌립을 데리고 갔다. 그래서 내시는 그를 더 이상 볼 수 없었지만, 기쁨에 차서 가던 길을 갔다. 40 그 뒤에 빌립은 아소도에 나타났다. 그는 돌아다니면서 여러 성에 복음을 전하다가, 마침내 가이사랴에 이르렀다.

{ 제9장 }

사울의 회개(행 22:6-16; 26:12-18)

1 사울은 여전히 주님의 제자들을 위협하면서, 살기를 띠고 있었다. 그는 대제사장에게 가서, 2 다마스쿠스에 있는 여러 회당으로 보내는 편지를 써달라고 하였다. 그는 그 '도'를 믿는 사람은 남자나 여자나 가리지 않고, 닥치는 대로 묶어서, 예루살렘으로 끌고 오려는 것이었다. 3 사울이 길을 가다가, 다마스쿠스 가까이에 이르렀을 때에, 갑자기 하늘에서 환한 빛이 그를 둘러 비추었다. 4 그는 땅에 엎어졌다. 그리고 그는 "사울아, 사

빌립은 간다게의 내시에게 세례를 준 후 갑자기 사라졌다가 아소도에 나타났습니다(39-40절). 마치 축지법이라도 쓴 것처럼 보이는데, 이것 또한 주님의 영이 하신 일인가요? 주님의 영은 이렇게 공간을 초월하나요? 39절의 강조점은 순간적인 사라짐보다는 "주의 영이 이끄셨다"는 사실에 있습니다. 내시가 놀란 기색도 없이 "기쁨에 차서 가던 길을 갔다"는 언급도 같은 취지입니다. 물론 성령께서 일상적 경험을 넘어서는 방식으로 빌립을 이끌고 가셨을 수도 있지만, 본문의 강조점은 그것이 아닙니다. 그리고 40절은 순간 이동이 아니라 다음 여정을 자연스럽게 묘사한 것입니다. 성령의 이끄심에 초점을 맞추다 보니 사람의 움직임은 과감히 생략되거나 축약되어 묘사될 때가 많습니다. 성령의 이끄심이 분명하다면, 일상적인 방식이든 비현실적인 기적이든 그 차이가 가장 중요한 관심사는 아닐 것입니다.

울아, 네가 왜 나를 핍박하느냐?" 하는 음성을 들었다. 5 그래서 그가 "주님, 누구십니까?" 하고 물으니, "나는 네가 핍박하는 예수다. 6 일어나서, 성 안으로 들어가거라. 네가 해야 할 일을 일러줄 사람이 있을 것이다" 하는 음성이 들려왔다. 7 그와 동행하는 사람들은 소리는 들었으나, 아무도 보이지는 않으므로, 말을 못 하고 멍하게 서 있었다. 8 사울은 땅에서 일어나서 눈을 떴으나, 아무것도 볼 수가 없었다. 그래서 사람들이 그의 손을 끌고, 다마스쿠스로 데리고 갔다. 9 그는 사흘 동안 앞을 보지 못하는 상태에서, 먹지도 않고 마시지도 않았다.

10 ㅇ 그런데 다마스쿠스에는 아나니아라는 제자가 있었다. 주님께서 환상 가운데서 "아나니아야!" 하고 부르시니, 아나니아가 "주님, 여기 있습니다" 하고 대답하였다. 11 주님께서 아나니아에게 말씀하셨다. "일어나서 '곧은 길'이라 부르는 거리로 가서, 유다의 집에서 사울이라는 다소 사람을 찾아라. 그는 지금 기도하고 있다. 12 그는 [환상 속에] 아나니아라는 사람이 들어와서, 자기에게 손을 얹어 시력을 회복시켜주는 것을 보았다." 13 아나니아가 대답하였다. "주님, 그가 예루살렘에서 주님의 성도들에게 얼마나 해를 끼쳤는지를, 나는 많은 사람

사도들도 있고 집사들도 있는데, 하나님은 왜 굳이 예수님을 앞장서서 핍박하던 사울을 새롭게 선택하셨나요? 사울은 철저한 유대교 신자였지만 또한 길리기아 지방의 다소에서 태어난 디아스포라 유대인이기도 했습니다. 유대교의 울타리를 넘어 비유대인들에게 복음을 전하는 데 최적의 인물이라 할 수 있습니다. 실제로 사울은 가장 먼저 자신의 고향에서, 그리고 가까운 지역부터 복음을 전하기 시작했습니다. 물론 이런 사항이 선택의 진짜 이유는 아닙니다. 하나님의 선택은 그분의 주권적 결정에 달린 것이기 때문입니다. 바울은 그가 쓴 여러 편지에서 자신을 사도로 불러주신 것이 그저 하나님의 은혜였다고 거듭 이야기합니다.

에게서 들었습니다. 14 그리고 그는 주님의 이름을 부르는 사람들을 잡아갈 권한을 대제사장들에게서 받아 가지고, 여기에 와 있습니다." 15 주님께서 그에게 말씀하셨다. "가거라, 그는 내 이름을 이방 사람들과 임금들과 이스라엘 자손들 앞에 가지고 갈, 내가 택한 내 그릇이다. 16 그가 내 이름을 위하여 얼마나 많은 고난을 받아야 할지를, 내가 그에게 보여주려고 한다." 17 그래서 아나니아가 떠나서, 그 집에 들어가, 사울에게 손을 얹고 "형제 사울이여, 그대가 오는 도중에 그대에게 나타나신 주 예수께서 나를 보내셨소. 그것은 그대가 시력을 회복하고, 성령으로 충만하게 되도록 하시려는 것이오" 하고 말하였다. 18 곧 사울의 눈에서 비늘 같은 것이 떨어져나가고, 그는 시력을 회복하였다. 그리고 그는 일어나서 세례를 받고 19 음식을 먹고 힘을 얻었다.

사울이 다마스쿠스에서 전도하다

○ 사울은 며칠 동안 다마스쿠스에 있는 제자들과 함께 지

예수님의 부활 이후 사도들이 활약하던 때는 기적이나 환상 같은 일들이 빈번하게 일어나네요. 그런 초자연적인 일을 직접 보게 된다면 누구나 쉽게 하나님을 믿지 않을까요? 예나 지금이나 기적적인 일이 있으면 수많은 사람들이 모입니다. 예수님의 사역도 그랬고, 사도들의 활동도 마찬가지였습니다. 일상적 기대를 넘어서는 일이기에, 이는 하나님의 능력을 보여주는 가시적 증거들이 되고, 자연히 하나님을 향한 신앙의 마중물로 작용할 가능성이 높습니다. 하지만 사람들은 또한 자신의 욕망을 채워주는 그런 기적에 민감하게 반응하기도 합니다. 이럴 때는 욕망을 넘어 진정한 신앙으로 이행하지 못하는 경우가 많습니다. 기적이 초월의 하나님을 가리키는 지시봉이 아니라 우리의 가려움을 긁어주는 '효자손'에 머무는 경우입니다.

냈다. 20 그런 다음에 그는 곧 여러 회당에서 예수가 하나님의 아들이심을 선포하였다. 21 그 말을 듣는 사람들은 다 놀라서 말하였다. "이 사람은, 예루살렘에서 예수의 이름을 부르는 이들을 마구 죽이던, 바로 그 사람이 아닌가? 그가 여기 온 것도, 그들을 잡아서 대제사장들에게로 끌고 가려는 것이 아닌가?" 22 그러나 사울은 더욱더 능력을 얻어서, 예수가 그리스도이심을 증명하면서, 다마스쿠스에 사는 유대 사람들을 당황하게 하였다.

바울의 회심 *Conversion of Saint Paul*, Peter Paul Rubens, 1610-1612, Italy

사울이 피신하다

23 ○ 여러 날이 지나서, 유대 사람들이 사울을 죽이기로 모의하였는데, 24 그들의 음모가 사울에게 알려졌다. 그들은 사울을 죽이려고, 밤낮으로 모든 성문을 지키고 있었다. 25 그러나 그의 제자들이 밤에 사울을 광주리에 담아서, 성 바깥으로 달아 내렸다.

사울이 예루살렘에 올라가다

26 ○ 사울이 예루살렘에 이르러서, 거기에 있는 제자들과 어울리려고 하였으나, 그들은 사울이 제자라는 사실을 믿을 수가 없어서, 모두들 그를 두려워하였다. 27 그러나 바나바는 사울을 맞아들여, 사도들에게로 데려가서, 사울이 길에서 주님을 본 일과, 주님께서 그에게 말씀하신 일과, 사울이 다마스쿠스에서 예수의 이름으로 담대히 말한 일을, 그들에게 이야기해주었다. 28 그래서 사울은 제자들과 함께 지내면서, 예루살렘을 자유로 드나들며 주님의 이름으로 담대하게 말하였고, 29 그리

사울이 처음 예수님을 믿었던 다마스쿠스는 오늘날 어디인가요? 그곳은 중요한 성지인가요? 지금 시리아의 수도인 다마스쿠스이며, 교회에서는 '다메섹'으로 잘 알려져 있습니다. 〈아라비안나이트〉에도 나오고, 신라의 승려 혜초가 쓴 〈왕오천축국전〉에도 나옵니다. 아라비아와 팔레스타인, 이집트를 연결하는 무역로 위에 있어서 고대로부터 거상들의 주요 거점이었고, 1세기 당시에도 많은 유대인들이 살았던 큰 도시였습니다. 여기에 예수님을 추종하는 유대인들이 많다는 정보를 입수한 사울은 대제사장의 재가를 받아 그들을 잡으러 가다가 성 근처에서 환상 중에 예수님을 만나게됩니다. 다마스쿠스는 7세기 이후 이슬람 문화에 편입되었습니다.

스 말을 하는 유대 사람들과 말을 하고, 토론을 하기도 하였다. 그러나 유대 사람들은 사울을 죽이려고 꾀하였다. 30 신도들이 이 일을 알고, 사울을 가이사랴로 데리고 내려가서, 다소로 보냈다.

31 ○ 그러는 동안에 교회는 유대와 갈릴리와 사마리아 온 지역에 걸쳐서 평화를 누리면서 튼튼히 서갔고, 주님을 두려워하는 마음과 성령의 위로로 정진해서, 그 수가 점점 늘어갔다.

베드로가 중풍병 환자를 고치다

32 ○ 베드로는 사방을 두루 다니다가, 룻다에 내려가서, 거기에 사는 성도들도 방문하였다. 33 거기서 그는 팔 년 동안이나 중풍병으로 자리에 누워 있는 애니아라는 사람을 만났다. 34 베드로가 그에게 "애니아여, 예수 그리스도께서 그대를 고쳐주십니다. 일어나서, 자리를 정돈하시오" 하고 말하니, 그는 곧 일어났다. 35 룻다와 샤론에 사는 모든 사람이 그를 보고 주님께로 돌아왔다.

26-27절을 보면 바나바가 사울을 맞아들이는 모습은 다른 제자들과 확연히 다릅니다. 바나바는 어떻게 그럴 수 있었던 건가요? 다르다는 사실은 분명하지만, 그 이유는 성경 본문에 나오지 않습니다. 굳이 추측해보자면, 바나바 역시 사울처럼 디아스포라 유대인으로 독실한 유대교 신자였다는 사실과 관계가 있을지도 모릅니다. 유대의 토박이 신자들과 사울의 사이를 중재하기 좋은 위치에 있었던 것입니다. 실제로 바나바는 유대인과 비유대인이 함께 어우러진 최초의 다민족 교회인 안디옥 교회의 목회자가 되었고, 그때도 사울을 불러와 그와 함께 교회를 섬겼습니다. 한편으론 이후 바나바가 조카 마가 문제로 바울과 다투었던 것을 보면, 그의 성품 자체가 잘못했던 사람에게 새로운 기회를 주는 데 너그러웠기 때문일 수도 있습니다.

베드로가 도르가를 살리다

36 ㅇ 그런데 욥바에 다비다라는 여제자가 있었다. 그 이름은 그리스 말로 번역하면 도르가인데, 이 여자는 착한 일과 구제사업을 많이 하는 사람이었다. 37 그 무렵에 이 여자가 병이 들어서 죽었다. 그래서 사람들이 그의 [시신을] 씻겨서 다락방에 두었다. 38 룻다는 욥바에서 가까운 곳이다. 제자들이 베드로가 룻다에 있다는 말을 듣고, 두 사람을 그에게로 보내서, 지체하지 말고 와달라고 간청하였다. 39 그래서 베드로는 일어나서, 심부름꾼과 함께 갔다. 베드로가 그곳에 이르니, 사람들이 그를 다락방으로 데리고 올라갔다. 과부들이 모두 베드로 곁에 서서 울며, 도르가가 그들과 함께 지낼 때에 만들어둔 속옷과 겉옷을 다 내보여주었다. 40 베드로는 모든 사람을 바깥으로 내보내고 나서, 무릎을 꿇고 기도를 하였다. 그리고 시신 쪽으로 몸을 돌려서, "다비다여, 일어나시오!" 하고 말하였다. 그 여자는 눈을 떠서, 베드로를 보고, 일어나서 앉았다. 41 베드로가 손을 내밀어서, 그 여자를 일으켜 세웠다. 그리고 성도들과 과부들을 불

베드로가 하는 일은 예수님이 살아생전 이 땅에서 하던 일과 비슷합니다. 병을 고치고, 말씀을 전하고, 그리고 죽은 사람을 살려냅니다. 그들이 했던 이런 일들은 그 시대에 가장 절박한 일이었나요? 고통과 죽음이 인간 실존의 본질인 만큼, 사람을 구원하는 복음의 핵심은 생명이요, 이 생명을 가능케 하는 능력입니다. 예수님의 치유 활동, 그리고 무엇보다 그분의 부활은 이를 명백하게 드러냅니다. 예수님의 이름으로 구원을 선포하는 사도들의 선교가 자주 치유와 회생의 기적들을 동반했던 것 역시 그런 이유입니다. 이러한 기적들은 그 자체가 복음의 생명력을 드러내는 강력한 표현이면서, 동시에 미래의 구원과 생명에 대한 희망을 일깨우는 약속이기도 합니다. 인간의 가장 근원적인 한계를 건드리며 구원을 약속하는 복음입니다.

러서, 그 여자가 살아 있음을 보여주었다. 42 그 일이 온 욥바에 알려지니, 많은 사람이 주님을 믿게 되었다. 43 그리고 베드로는 여러 날 동안 욥바에서 시몬이라는 **무두장이**의 집에서 묵었다.

{ 제10장 }

베드로가 고넬료를 만나다

1 가이사랴에 고넬료라는 사람이 있었는데, 그는 이탈리아 부대라는 로마 군대의 백부장이었다. 2 그는 경건한 사람으로 온 가족과 더불어 하나님을 두려워하며, 유대 백성에게 자선을 많이 베풀며, 늘 하나님께 기도하는 사람이었다. 3 어느 날 오후 세 시쯤에, 그는 환상 가운데에서 하나님의 천사를 똑똑히 보았다. 그가 보니, 천사가 자기에게로 들어와서, "고넬료야!" 하고 말을 하는 것이었다. 4 고넬료가 천사를 주시하여 보고, 두려워서 물었다. "천사님, 무슨 일입니까?" 천사가 대답하였다. "네 기도와 자선 행위가 하나님 앞에 상달되어서, 하나님

로마 사람 고넬료는 어떻게 하나님을 알고 믿었나요? 이스라엘 백성이 아닌 사람도 하나님을 알고 믿을 수 있었나요? 당시 비유대인들 중에는 할례를 받고 개종자가 된 건 아니지만, 유대교의 가르침에 감화를 받아 유대인의 하나님을 섬기며 회당 예배에 참여하던 이들이 많았습니다. 로마 군대의 백부장 고넬료도 그중 하나입니다. 사도행전은 그들을 '경건한 사람들' 혹은 '하나님을 경외하는 사람들'이라 부릅니다. 그들은 하나님을 섬겼지만, 정통 유대인들로부터는 여전히 국외자 취급을 받았습니다.

+무두장이 : 짐승의 날가죽에서 털과 기름을 뽑아 가죽을 부드럽게 만드는 사람.

께서 기억하고 계신다. 5 이제, 욥바로 사람을 보내어, 베드로라고도 하는 시몬이라는 사람을 데려오너라. 6 그는 무두장이인 시몬의 집에 묵고 있는데, 그 집은 바닷가에 있다." 7 그에게 말하던 천사가 떠났을 때에, 고넬료는 하인 두 사람과 자기 부하 가운데서 경건한 병사 하나를 불러서, 8 모든 일을 이야기해주고, 그들을 욥바로 보냈다.

9 ○ 이튿날 저들이 길을 가다가, 욥바에 가까이 이르렀을 때에, 베드로는 기도하려고 지붕으로 올라갔다. 때는 오정쯤이었다. 10 그는 배가 고파서, 무엇을 좀 먹었으면 하는 생각이 들었다. 사람들이 음식을 장만하는 동안에, 베드로는 황홀경에 빠져들어 갔다. 11 그는, 하늘이 열리고, 큰 보자기 같은 그릇이 네 귀퉁이가 끈에 매달려서 땅으로 드리워져 내려오는 것을 보았다. 12 그 안에는 온갖 네 발 짐승들과 땅에 기어 다니는 것들과 공중의 새들이 골고루 들어 있었다. 13 그때에 "베드로야, 일어나서 잡아먹어라" 하는 음성이 들려왔다. 14 베드로가 대답하였다. "주님, 절대로 그럴 수 없습니다. 나는 속되고 부정한 것은 한 번도 먹은 일이 없습니다." 15 그랬더니 두 번째로 음성이 다시 들려왔다. "하나님께서 깨끗하게

베드로가 본 환상을 살펴보면 하나님이 정하신 부정한 음식이 따로 있었던 것 같습니다. 어떤 음식이 부정한 것인가요? 구약성경의 율법(레위기 11장)은 먹을 수 있는 것과 먹을 수 없는 부정한 음식을 구별합니다. 대체로 경계를 흐리는 짐승들이 부정한 것으로 간주되는 경향이 있지만, 구별의 원리 자체는 선명하지 않습니다. 할례나 절기(안식일) 규정과 더불어 식사 규정은 당시 유대인들이 자신들의 독특한 정체성을 유지하고 공고히 하는 데 매우 중요한 수단이었습니다. 그래서 깨끗한 것과 부정한 것을 가리지 말고 먹으라는 환상은 바로 고넬료와 같은 비유대인에게도 차별 없이 복음을 전하라는 성령의 지시로 이어집니다.

하신 것을 속되다고 하지 말아라." 16 이런 일이 세 번 있은 뒤에, 그 그릇은 갑자기 하늘로 들려서 올라갔다.

17 ○ 베드로가, 자기가 본 환상이 대체 무슨 뜻일까 하면서, 속으로 어리둥절하고 있는데, 마침 고넬료가 보낸 사람들이 시몬의 집을 찾아서, 문 앞에 다가섰다. 18 그들은 큰 소리로 베드로라는 시몬이 여기에 묵고 있는지를 묻고 있었다. 19 베드로가 그 환상을 곰곰이 생각하고 있는데 성령께서 말씀하셨다. "보아라, 세 사람이 너를 찾고 있다. 20 일어나서 내려가거라. 그들은 내가 보낸 사람들이니, 의심하지 말고 함께 가거라." 21 그래서 베드로는 그들에게 내려가서 물었다. "보시오, 내가 당신들이 찾고 있는 사람이오. 무슨 일로 오셨소?" 22 그들은 베드로에게 대답하였다. "고넬료라는 백부장이 보내서 왔습니다. 그는 의로운 사람이요, 하나님을 두려워하는 사람입니다. 그는 온 유대 백성에게 존경을 받고 있습니다. 그는, 사람을 보내어 당신을 집으로 모셔다가 말씀을 들으라는 지시를, 거룩한 천사에게서 받았습니다." 23 베드로는 그들을 불러

9장에서는 사울과 아나니아, 여기서는 베드로와 고넬료. 하나님은 한 사람이 아닌 양쪽 두 사람에게 환상과 메시지를 줍니다. 이런 형식이 필요했던 이유가 있나요? 명시적 설명은 없으니, 어느 정도 생각하기 나름일 것입니다. 회심은 한 개인의 일이지만 동시에 공동체에 가입하는 일이기도 합니다. 그래서 사울뿐 아니라 그를 맞아들일 아나니아도 필요했습니다. 더욱이 교회를 없애려 애쓰던 인물의 회심이라면 중재자의 존재가 더욱 요긴했을 것입니다. 하나님께서는 초월적 환상으로 박해자 사울을 돌려세우시고, 사울의 회심을 차마 믿지 못하는 아나니아를 설득하십니다. 베드로와 고넬료의 경우도 유사합니다. 환상을 통해 고넬료에게 행동할 용기를 주고, 또 반복되는 환상을 통해 베드로가 인종적 경계를 넘어서도록 이끄십니다. 박해자냐 비유대인이냐 하는 구체적 상황은 다르지만, 하나님의 초월적 개입을 통해 극복하기 어려운 인간적 장벽을 넘어가는 이야기의 흐름은 동일합니다.

들여서 묵게 하였다.

ㅇ 이튿날 베드로는 일어나서 그들과 함께 떠났는데, 욥바에
있는 신도 몇 사람도 그와 함께 갔다. 24 그다음 날 베드로는
가이사랴에 들어갔다. 고넬료는 자기 친척들과 가까운 친구
들을 불러놓고, 그들을 기다리고 있다가, 25 베드로가 들어오
니, 마중 나와서, 그의 발 앞에 엎드려서 절을 하였다. 26 그
러자 베드로는 "일어나십시오, 나도 역시 사람입니다" 하고
말하면서, 그를 일으켜 세웠다. 27 그리고 베드로는 고넬료
와 말하면서 집 안으로 들어가서, 많은 사람이 모여 있는 것
을 보고, 28 그들에게 말하였다. "유대 사람으로서 이방 사람
과 사귀거나 가까이하는 일이 불법이라는 것은 여러분도 아십
니다. 그런데 하나님께서는 나에게, 사람을 속되다거나 부정
하다거나 하지 말라고 지시하셨습니다. 29 그래서 여러분이
나를 부르러 사람들을 보냈을 때에 반대하지 않고 왔습니다.
그런데 묻고 싶은 것이 있습니다. 무슨 일로 나를 오라고 하셨
습니까?" 30 고넬료가 대답하였다. "나흘 전 이맘때쯤에, 내가
집에서 오후 세 시에 드리는 기도를 하고 있었습니다. 그런데
갑자기 어떤 사람이 눈부신 옷을 입고, 내 앞에 서서 31 말하기

이스라엘 사람들은 이방인들과 마주 앉으면 안 되는 법이라도 있었나요? 왜 그들을
부정한 사람으로 취급했나요? 대체 부정하다는 기준은 무엇인가요? 당시 경건한 유
대인들은 세상 사람을 하나님의 선민인 '유대인'과 할례를 받지 못한 '이방 죄인' 두 종
류로 구별했고, 선민으로서 거룩함을 지키기 위해 '무할례자'인 이방인들과는 함께 식
탁에 앉지 않았습니다. 식사 교제의 대상은 음식의 종류만큼이나 중요한 식사 규정의
일부였습니다. 하나님의 백성, 곧 유대인이라는 정체성의 기본은 혈통이지만, 사회적으
로는 할례 여부가 중요했습니다. 유대인이 되기 위한 사회적 조건인 할례를 받지 않고
도 하나님의 백성이 될 수 있느냐 하는 문제는 당시에 아주 뜨거운 논쟁거리였습니다.

를 '고넬료야, 하나님께서 네 기도를 들으시고, 네 자선 행위를 기억하고 계신다. 32 욥바로 사람을 보내어, 베드로라고도 하는 시몬을 불러오너라. 그는 바닷가에 있는 무두장이 시몬의 집에 묵고 있다' 하였습니다. 33 그래서 나는 곧 당신에게 사람을 보냈던 것입니다. 그런데 이렇게 와주시니, 고맙습니다. 지금 우리는 주님께서 당신에게 지시하신 모든 말씀을 들으려고, 다 같이 하나님 앞에 모여 있습니다."

베드로가 고넬료의 집에서 설교하다

34 ○ 베드로가 입을 열어 말하였다. "나는 참으로, 하나님께서는 사람을 외모로 가리지 아니하시는 분이시고, 35 하나님을 두려워하며, 의를 행하는 사람은 그가 어느 민족에 속하여 있든지, 다 받아주신다는 것을 깨달았습니다. 36 하나님께서는 이스라엘 자손에게 말씀을 보내셨는데, 곧 예수 그리스도를 통하여 평화를 전하셨습니다. 예수 그리스도는 만민의 주님이십니다. 37 여러분이 아시는 대로, 이 일은 요한의 세례

베드로가 고넬료의 집에서 설교하고 사람들이 세례를 받은 일은 어떤 점에서 큰 의미가 있나요? 당시 유대인이 비유대인과 식사하는 것은 하나님의 법을 어기는 행위로 간주되었고, 이런 이유로 예루살렘 교회는 베드로를 비난합니다(11장). 나사렛 예수를 메시아로 믿었지만, 이는 철저히 유대적 신앙 안에서 이루어졌습니다. 그러나 성령은 교회가 그 경계를 넘어가도록 이끕니다. 베드로가 로마 군대의 백부장 고넬료의 집으로 가서 복음을 전할 때, 놀랍게도 할례를 받지 않은 비유대인들에게 하나님의 성령이 주어진 것입니다. 이에 베드로는 하나님께서 그들을 이미 받아주셨다는 '급진적' 결론을 내리고, 세례를 베풀어 그들을 받아들입니다. 복음이 유대인이라는 종교적 문화적 경계를 넘어 모든 사람들에게 펴져가는 상징적인 사건입니다.

사역이 끝난 뒤에, 갈릴리에서 시작하여서, 온 유대 지방에서 이루어졌습니다. 38 하나님께서 나사렛 예수에게 성령과 능력을 부어주셨습니다. 이 예수는 두루 다니시면서 선한 일을 행하시고, 마귀에게 억눌린 사람들을 모두 고쳐주셨습니다. 그것은 하나님께서 그와 함께하셨기 때문입니다. 39 우리는 예수께서 유대 지방과 예루살렘에서 행하신 모든 일의 증인입니다. 사람들이 그를 나무에 달아 죽였지만, 40 하나님께서 그를 사흘날에 살리시고, 나타나 보이게 해주셨습니다. 41 그를 모든 사람에게 나타나게 하신 것이 아니라, 하나님께서 미리 택하여주신 증인인 우리에게 나타나게 하셨습니다. 그가 죽은 사람들 가운데서 살아나신 뒤에, 우리는 그와 함께 먹기도 하고 마시기도 하였습니다. 42 이 예수께서 우리에게 명하시기를, 하나님께서 자기를 살아 있는 사람들과 죽은 사람들의 심판자로 정하신 것을 사람들에게 선포하고 증언하라고 하셨습니다. 43 이 예수를 두고 모든 예언자가 증언하기를, 그를 믿는 사람은 누구든지 그의 이름으로 죄 사함을 받는다고 하였습니다."

사람들은 이방 사람들에게 성령이 주어진 사실에 놀랐다(44절)고 하는데, 원래 성령은 유대인들에게만 내리는 것이었나요? 성령, 곧 '거룩한 영'은 하나님이 함께하심을 의미합니다. 원래 하나님의 백성은 할례 받은 유대인이며, 비유대인은 그 백성에 속할 수 없습니다. 하나님께서는 이방의 압제에 놓인 자기 백성을 구하기 위해 메시아를 보내시는데, 교회는 그분이 바로 나사렛 예수라고 믿었습니다. 그런데 유대인으로 구성되었던 교회는 이 믿음의 도리를 거의 억지로 비유대인들에게도 전하게 됩니다. 비유대인들에게 성령이 주어졌다는 것은 하나님의 백성이 되려고 유대인이 될 필요는 없다는 의미입니다. 이 오랜 경계가 허물어진 것은 유대인들에게 충격일 수밖에 없었습니다. 많은 유대인들이 복음을 거부한 이유이기도 합니다.

이방 사람들에게도 성령이 내리다

44 ○ 베드로가 이런 말을 하고 있을 때에, 그 말을 듣는 모든 사람에게 성령이 내리셨다. **45** 할례를 받은 사람들 가운데서 믿게 된 사람으로서 베드로와 함께 온 사람들은, 이방 사람들에게도 성령을 선물로 부어주신 사실에 놀랐다. **46** 그들은, 이방 사람들이 방언으로 말하는 것과 하나님을 높이 찬양하는 것을 들었기 때문이다. 그때에 베드로가 말하였다. **47** "이 사람들도 우리와 마찬가지로 성령을 받았으니, 이들에게 물로 세례를 주는 일을 누가 막을 수 있겠습니까?" **48** 그런 다음에, 그는 그들에게 명해서, 예수 그리스도의 이름으로 세례를 받게 하였다. 그들은 베드로에게 며칠 더 머물기를 청하였다.

{ 제11장 }

베드로가 예루살렘 교회에 보고하다

1 사도들과 유대에 있는 신도들이, 이방 사람들도 하나님의 말씀을 받아들였다는 소식을 들었다. 2 그래서 베드로가 예루살렘에 올라왔을 때에, 할례를 받은 사람들이 3 "당신은 할례를 받지 않은 사람들의 집에 들어가서, 그들과 함께 음식을 먹은 사람이오" 하고 그를 나무랐다. 4 이에 베드로가 그 사이에 일어난 일을 차례대로 그들에게 설명하였다. 5 "내가 욥바 성에서 기도를 하고 있었습니다. 그때에 나는 황홀경 가운데서 환상을 보았는데, 큰 보자기와 같은 그릇이, 네 귀퉁이가 끈에 매달려서 하늘에서 드리워져 내려서 내 앞에까지 왔습니다. 6 그 안을 자세히 들여다보니, 땅 위의 네 발 짐승들과 들짐승들과 기어 다니는 것들과 공중의 새들이 있었습니다. 7 그리고 '베드로야, 일어나서 잡아먹어라' 하는 음성이 내게 들려왔습니다. 8 그래서 나는 '주님, 절대로 그럴 수 없습니다. 나는 속된 것이나, 정결하지 않은 것을 먹은 일이 없습니다' 하고 말하였습니

이방 사람들에게 하나님을 전하는 것이 이스라엘 사람들 사이에서는 왜 비난받을 일이었나요? 흔히 이방인이라 말하는 비유대인들도 하나님의 백성, 즉 유대인의 공동체에 들어올 수 있었지만, 분명한 조건이 있었습니다. 바로 할례를 받고 모세의 율법을 받아들여 유대교로 개종하는 것입니다. 15장에서 보는 것처럼, 예수님을 메시아로 고백하는 유대인 신자들 사이에서도 이 문제로 인해 심한 논쟁이 발생합니다. 11장에서의 비난은 하나님을 전하는 것 때문이 아니라 아직 무할례자인 이방인의 집에서 함께 식사를 했다는 사실 때문입니다. 이러한 행동은 유대인들 사이에서 하나님의 선민이라는 정체성을 부정하거나 훼손하는 행위로 간주되었습니다.

다. 9 그랬더니 '하나님께서 깨끗하게 하신 것을 속되다고 하지 말아라' 하는 음성이 두 번째로 하늘에서 들려왔습니다. 10 이런 일이 세 번 일어났습니다. 그러고서 모든 것은 다시 하늘로 들려 올라갔습니다. 11 바로 그때에 사람들 셋이 우리가 묵고 있는 집에 도착하였는데, 그들은 가이사랴에서 내게 보낸 사람들이었습니다. 12 성령이 내게, 의심하지 말고 그들과 함께 가라고 하셨습니다. 그래서 이 여섯 형제도 나와 함께 가서, 우리는 그 사람의 집으로 들어갔습니다. 13 그 사람은, 자기가 천사를 본 이야기를 우리에게 해주었습니다. 곧 천사가 그의 집에 와서 서더니, 그에게 말하기를 '욥바로 사람을 보내어, 베드로라고도 하는 시몬을 불러오너라. 14 그가 네게 너와 네 온 집안이 구원을 받을 말씀을 일러줄 것이다' 하더라는 것입니다. 15 내가 말을 하기 시작하니, 성령이 처음에 우리에게 내리시던 것과 같이, 그들에게도 내리셨습니다. 16 그때에 나는 '요한은 물로 세례를 주었지만, 너희는 성령으로 세례를 받을 것이다' 하신 주님의 말씀이 생각났습니다. 17 그러므로 하나님께서는, 우리가 주 예수 그리스도를 믿을 때에 우리에게 주

환상이나 예언 같은 일들이 자연스럽게 일어납니다. 그것을 대하는 사람들의 반응도 자연스러워 보입니다. 초자연적인 일에 대한 자연스러운 반응, 그 이유는 무엇일까요? 고대인들이 사물을 바라보는 시선은 현대인들과 다른 부분이 있기 때문에, 오늘의 관점에서 과거 성경에 기록된 초자연적 사건들의 정확한 실체를 말하기는 어렵습니다. 예수님의 부활처럼 분명히 일상적인 경험의 한계를 넘어서는 사건일 수도 있고, 일상적 설명이 가능한 일일 수도 있습니다. 어느 쪽이든 중요한 것은 사건이 발생한 구체적 방식이 아니라 하나님께서 개입하셨다는 사실에 대한 깨달음입니다. 고대인들이라고 초자연적 현상을 쉽게 믿었던 것은 아니지만, 일상 속에서 움직이시는 하나님의 손길에 좀 더 예민했던 것은 사실입니다.

신 것과 같은 선물을 그들에게 주셨는데, 내가 누구이기에 감히 하나님을 거역할 수 있겠습니까?" 18 이 말을 듣고 그들은 잠잠하였다. 그들은 하나님께 영광을 돌리고 "이제 하나님께서는, 이방 사람들에게도 회개하여 생명에 이르는 길을 열어주셨다" 하고 말하였다.

안디옥에서 신도들이 '그리스도인'이라고 불리다

19 ㅇ 스데반에게 가해진 박해 때문에 흩어진 사람들이 페니키아와 키프로스와 안디옥까지 가서, 유대 사람들에게만 말씀을 전하였다. 20 그런데 그들 가운데는 키프로스 사람과 구레네 사람 몇이 있었는데, 그들은 안디옥에 이르러서, 그리스 사람들에게도 말을 하여 주 예수를 전하였다. 21 주님의 손이 그들과 함께하시니, 수많은 사람이 믿고 주님께로 돌아왔다. 22 예루살렘 교회가 이 소식을 듣고서, 바나바를 안디옥으로 보냈다. 23 바나바가 가서, 하나님의 은혜가 내린 것을 보고 기뻐하였고, 모든 사람에게 굳센 마음으로 주님을 의지하라고 권하였다. 24 바

스데반의 죽음 이후 예수님을 믿는 사람들의 활동은 오히려 더 넓은 지역으로 확대됩니다(19-26절). 박해에 대한 상식적인 반응은 아닌 것 같은데, 그 이유는 무엇인가요? 주로 박해를 받았던 대상은 헬라파 유대인 신자들이었습니다. 박해를 받아 예루살렘을 떠났지만, 이들은 애초에 디아스포라 유대인들이어서 연고가 있는 지역으로 갔을 가능성이 높습니다. 대체로 유대인들의 박해를 염려해야 하는 상황은 아니었다고 할 수 있습니다. 물론 회당과 얽힌 유대인을 전도하는 것은 여전히 위험부담이 있었지만, 예루살렘에서와 같은 대규모의 격한 반대를 염려할 필요는 없었습니다. 실제로 비유대인을 대상으로 하는 선교는 흩어진 이 헬라파 신자들에 의해 안디옥에서 이루어지고, 역시 이들에 의해 최초의 다민족 교회가 세워집니다.

나바는 착한 사람이요, 성령과 믿음이 충만한 사람이었다. 그래서 많은 사람이 주님께로 나아왔다. 25 바나바는 사울을 찾으려고 다소로 가서, 26 그를 만나 안디옥으로 데려왔다. 두 사람은 일 년 동안 줄곧 거기에 머물면서, 교회에서 모임을 가지고, 많은 사람을 가르쳤다. 제자들은 안디옥에서 처음으로 '그리스도인'이라고 불리었다.

27 ○ 그 무렵에 예언자 몇이 예루살렘에서 안디옥에 내려왔다. 28 그 가운데 아가보라는 사람이 성령의 감동을 받아서, 일어나, 온 세계에 큰 기근이 들 것이라고 예언하였다. 바로 그 기근이 글라우디오 황제 때에 들었다. 29 그래서 제자들은 각각 자기 형편에 따라 몫을 정하여, 유대에 사는 신도들에게 구제금을 보내기로 결정하였다. 30 그들은 그대로 실행해서, 바나바와 사울 편에 그것을 장로들에게 보냈다.

'그리스도인'(26절)은 무슨 뜻을 갖고 있나요? 그렇게 이름을 붙인 것에 특별한 의미가 있나요? 메시아의 헬라어 번역인 '그리스도'에 '사람'을 의미하는 어미가 붙어 만들어진 단어입니다. 안디옥에서 그리스도를 추종하는 사람들에게 붙여진 명칭인데, 분위기를 보면 애초에는 우리말의 '예수쟁이'처럼 경멸의 표현이었을 가능성이 높습니다. 물론 신자들은 이 호칭의 의미를 매우 자랑스럽게 생각했고, 결국 '그리스도인'은 신자들을 지칭하는 가장 보편적인 이름으로 정착했습니다. 당시 안디옥에서 그런 이름으로 불리기 시작했다는 것은 이들이 더 이상 '유대인'이나 '유대교 추종자'가 아니라, 예수 그리스도를 섬기는 독특한 신앙 공동체로서 정체성을 드러내기 시작했다는 의미입니다.

{ 제12장 }

야고보의 순교와 베드로의 투옥

1 이 무렵에 헤롯 왕이 손을 뻗쳐서, 교회에 속한 몇몇 사람을 해하였다. 2 그는 먼저 요한과 형제간인 야고보를 칼로 죽였다. 3 헤롯은 유대 사람들이 이 일을 기뻐하는 것을 보고, 이제는 베드로까지 잡으려고 하였다. 때는 무교절 기간이었다. 4 그는 베드로도 잡아서 감옥에 가두고, 네 명으로 짠 경비병 네 패에게 맡겨서 지키게 하였다. 유월절이 지나면, 백성들 앞에 그를 끌어낼 속셈이었다. 5 이렇게 되어서, 베드로가 감옥에 갇히고, 교회는 그를 위하여 하나님께 간절히 기도하였다.

베드로가 감옥에서 풀려나다

6 ○ 헤롯이 베드로를 백성들 앞에 끌어내기로 한 그 전날 밤이었다. 베드로는 두 쇠사슬에 묶여, 군인 두 사람 틈에서 잠들

1-2절에서는 헤롯 왕이 야고보를 칼로 죽였다고 했는데, 뒷부분 17절을 보면 베드로는 자신이 풀려나게 된 이야기를 야고보에게 전하라고 합니다. 두 야고보는 동명이인인가요? 성경에도 동명이인이 많습니다. 여기서 순교한 야고보는 예수님의 열두 제자 가운데 '세베대의 아들'로 소개되는 '야고보와 요한' 중 하나이고(마 1:2-4), 뒤에 나오는 야고보는 예수님의 동생 야고보를 가리킵니다. 원래 그는 자기 형 예수를 메시아로 믿지 않았지만, 부활하신 예수님을 직접 만나고 나서 제자가 되었고, 이후 예루살렘 교회의 핵심 지도자로 성장합니다. 교회의 전승에 따르면 신약성경 야고보서의 저자이며, 특별히 그는 성품이 강직해서 당시 사람들에게 '의로운 야고보'라 불렸습니다.
+무교절 : 이스라엘의 이집트 탈출을 기념하는 중요한 축제 중 하나. 이 기간에는 누룩을 넣지 않은 빵을 먹는다.

어 있었고, 문 앞에는 파수꾼들이 감옥을 지키고 있었다. 7 그런데 갑자기 주님의 천사가 나타나고, 감방에 빛이 환히 비치었다. 천사가 베드로의 옆구리를 쳐서 깨우고 말하기를 "빨리 일어서라" 하였다. 그러자 쇠사슬이 그의 두 손목에서 풀렸다. 8 천사가 베드로에게 "띠를 띠고, 신을 신어라" 하고 말하니, 베드로가 그대로 하였다. 또 천사가 그에게 "겉옷을 두르고, 나를 따라오너라" 하니, 9 베드로가 감방에서 나와서, 천사를 따라갔다. 베드로는 천사가 하는 일이 참인 줄 모르고, 자기가 환상을 보고 있는 것이라고 생각하였다. 10 그들이 첫째 초소와 둘째 초소를 지나서, 시내로 통하는 철문에 이르니, 문이 저절로 열렸다. 그래서 그들은 바깥으로 나와서, 거리를 하나 지났다. 그때에 갑자기 천사가 떠나갔다. 11 그때에야 베드로가 정신이 나서 말하였다. "이제야 참으로 알겠다. 주님께서 주님의 천사를 보내셔서, 헤롯의 손에서, 그리고 유대 백성이 꾸민 모든 음모에서, 나를 건져주셨다." 12 이런 사실을 깨닫고서, 베드로는, 마가라고도 하는 요한의 어머니 마리아의 집으로 갔다. 거기에는 많은 사람이 모여서 기도하고 있었다. 13 베드로가 대문을 두드리니, 로데라는 어린 여종이 맞으러 나왔다. 14 그

헤롯이 사도들을 박해한 이유는 무엇인가요? 사도행전은 헤롯의 박해가 유대인 대중의 환심을 사기 위한 것이었다고 말합니다. 헤롯은 순수 혈통의 유대인이 아니어서 혈통적 정통성에 대해 대중들로부터 의심을 받기도 했습니다. 그래서 대중의 태도에 더 민감했을 것입니다. 더욱이 그는 늘 로마의 눈치를 봐야 하는 속국의 봉신 권력자였습니다. 이러한 그의 입장에서는 교회처럼 대중적 영향력이 큰 움직임은 늘 눈엣가시입니다. 그래서 교회의 지도자들을 제거하고 그 세력을 약화시키려 했던 것입니다. 이 본문 속 헤롯은 예수님의 탄생 무렵 사망한 헤롯대왕의 손자인 헤롯 아그립바 1세입니다.

여종은 베드로의 목소리를 알아듣고, 너무 기뻐서, 문을 열지도 않고 도로 달려 들어가서, 대문 앞에 베드로가 서 있다고 알렸다. 15 사람들이 여종에게 "네가 미쳤구나" 하고 말하자, 여종은 참말이라고 우겼다. 그러자 그들은 "베드로의 천사일 거야" 하고 말하였다. 16 그동안에 베드로가 줄곧 문을 두드리니, 사람들이 문을 열어서 베드로를 보고, 깜짝 놀랐다. 17 베드로는 손을 흔들어서 그들을 조용하게 하고, 주님께서 자기를 감옥에서 인도하여내신 일을 이야기하였다. 그리고 그는 "이 사실을 야고보와 다른 신도들에게 알리시오" 하고 말하고는, 거기에서 떠나 다른 곳으로 갔다.

18 ○ 날이 새니, 군인들 사이에서는 베드로가 없어진 일로 작지 않은 소동이 일어났다. 19 헤롯은 샅샅이 찾아보았으나, 베드로를 찾지 못하고, 경비병들을 문초한 뒤에, 명령을 내려서 그들을 사형에 처하였다. 그런 다음에, 헤롯은 유대를 떠나 가이사랴로 내려가서, 거기에서 한동안 지냈다.

베드로가 겪은 일들에는 환상과 기적처럼 보이는 사건들이 자주 등장합니다. 이 시기만의 특별한 일인가요, 아니면 신앙을 가진 사람들에게는 언제나 가능한 일인가요? 성경을 비롯한 고대의 기록에는 '특별한' 일들이 현재보다 훨씬 더 빈번하게 나타나곤 하지만, 그것이 놀라운 일이라는 점은 그때라고 해서 다를 바 없었습니다. 그리고 이런 환상과 기적은 사도들을 비롯한 특정 지도자들에게로 국한되는 경우가 대부분이었습니다. 옛날만큼 흔하지는 않지만, 그런 일들이 지금은 원천적으로 불가능하다 말할 순 없습니다. 이런 특별한 현상들에는 분명 그 나름의 중요한 역할이 있습니다. 그러나 이런 현상에 너무 집착한 나머지, 자연스러운 방식으로 우리를 돌보시는 하나님의 '일상의 기적'을 소홀히 한다면 그것이야말로 잘못이겠지요.

헤롯의 죽음

20 ○ 그런데 두로와 시돈 사람들은 헤롯에게 몹시 노여움을 사고 있었다. 그래서 그들은 뜻을 모아서, 왕을 찾아갔다. 그들은 왕의 침실 시종 블라스도를 설득하여, 그를 통해서 헤롯에게 화평을 청하였다. 그들의 지방이 왕의 영토에서 식량을 공급받고 있었으므로, 이렇게 할 수밖에 없었다. 21 지정된 날에, 헤롯이 용포를 걸쳐 입고, 왕좌에 좌정하여 그들에게 연설하였다. 22 그때에 군중이 "신의 소리다. 사람의 소리가 아니다" 하고 외쳤다. 23 그러자 즉시로 주님의 천사가 헤롯을 내리쳤다. 헤롯이 하나님께 영광을 돌리지 않았기 때문이다. 그는 벌레에게 먹혀서 죽고 말았다.

24 ○ 하나님의 말씀이 점점 더 널리 퍼지고, 믿는 사람이 많아졌다. 25 바나바와 사울은 그들의 사명을 마치고, 마가라고도 하는 요한을 데리고 예루살렘에서 돌아왔다.

헤롯의 죽음은 좀 어이없어 보입니다. 주님의 천사가 헤롯을 내리치고 벌레에 먹혀서 죽다니요(23절). 역사적 사실인가요? 헤롯의 죽음은 역사적 사실이고, 교회는 그 죽음을 신앙의 눈으로 바라봅니다. 당시 역사가 요세푸스 역시 헤롯 아그립바 1세의 죽음을 유사하게 보고합니다. 헤롯은 황제를 위해 열린 가이사랴의 축제에 은빛 옷을 입고 참석했고, 그에게 햇빛이 비쳐 찬란한 광경이 연출되자 아첨꾼들은 헤롯을 신이라 추켜세웠습니다. 이를 즐기던 그는 문득 날아가는 올빼미에게서 불길한 징조를 보았고, 곧 복통이 시작되어 닷새 만에 죽습니다. 본문의 '벌레에 먹혀'는 복통에 대한 다른 묘사에 해당하고, 천사는 신학적 해석입니다. 요세푸스도 올빼미를 천사와 연결합니다. "하나님께 영광을 돌리지 않았다"는 것 역시 신앙적 관점에서 이해한 죽음의 원인입니다.

{ 제13장 }

바나바와 사울이 보냄을 받다

1 안디옥 교회에 예언자들과 교사들이 있었는데, 그들은 바나바와 니게르라고 하는 시므온과, 구레네 사람 루기오와 분봉왕 헤롯과 더불어 어릴 때부터 함께 자란 마나엔과 사울이다. 2 그들이 주님께 예배하며 금식하고 있을 때에, 성령이 그들에게 말씀하셨다. "너희는 나를 위해서 바나바와 사울을 따로 세워라. 내가 그들에게 맡기려 하는 일이 있다." 3 그래서 그들은 금식하고 기도한 뒤에, 두 사람에게 안수를 하여 떠나보냈다.

사도들의 키프로스 전도 활동

4 ○ 바나바와 사울은, 성령이 가라고 보내시므로, 실루기아로 내려가서, 거기에서 배를 타고 키프로스로 건너갔다. 5 그들은

성령이 말씀하시고(2절), 성령이 가라 하고(4절). 사도들은 성령과 계속 소통하고 있는 것으로 묘사되어 있습니다. 사도행전은 왜 이렇게 성령을 강조하는 건가요? 이렇게 성령의 개입이 계속되는 이유로 사도행전은 흔히 '성령행전'(Acts of the Holy Spirit)이라 불립니다. 예수님의 승천 후 제자들이 성령을 받는 것에서 시작해, 줄곧 성령의 주도로 복음의 전파 과정이 이루어집니다. 특히 예수의 복음이 유대 사회라는 울타리를 넘어 온 세상을 위한 복음이 되는 과정에서는 계속 성령의 적극적인 개입이 두드러집니다. 이는 복음 전파가 하나님의 뜻과 능력에 의해 이루어졌다는 사실을 분명하게 보여줍니다. 구약성경에 묘사된 하나님처럼, 성령 역시 어느 정도 인간의 동료인 것처럼 묘사된 면이 있습니다. 이러한 성령과의 소통은 실제로 환상적 방식의 소통일 수도 있고, 자연스러운 사고 과정을 거친 확신일 수도 있을 것입니다. 여기에는 통상적 지식과 이성적 사고도 활용되었습니다.

살라미에 이르러서, 유대 사람의 여러 회당에서 하나님의 말씀을 전하였다. 그들은 요한도 또한 조수로 데리고 있었다. 6 그들은 온 섬을 가로질러 바보에 이르렀다. 거기서 그들은 어떤 마술사를 만났는데, 그는 거짓 예언자였으며 바예수라고 하는 유대인이었다. 7 그는 총독 서기오 바울을 늘 곁에서 모시는 사람이었다. 이 총독은 총명한 사람이어서, 바나바와 사울을 청해서, 하나님의 말씀을 듣고자 하였다. 8 그런데 이름을 엘루마라고 번역해서 부르기도 하는 그 마술사가 그들을 방해하여, 총독으로 하여금 믿지 못하게 하려고 애를 썼다. 9 그래서 바울이라고도 하는 사울이 성령으로 충만하여 마술사를 노려보고 말하였다. 10 "너, 속임수와 악행으로 가득 찬 악마의 자식아, 모든 정의의 원수야, 너는 주님의 바른길을 굽게 하는 짓을 그치지 못하겠느냐? 11 보아라, 이제 주님의 손이 너를 내리칠 것이니, 눈이 멀어서 얼마 동안 햇빛을 보지 못할 것이다." 그러자 곧 안개와 어둠이 그를 내리덮어서, 그는 앞을 더듬으면서, 손을 잡아 자기를 이끌어줄 사람을 찾았다. 12 총독은 그

제자들은 교회와 회당에서 모임을 갖고 가르치고 말씀을 전했다고 나옵니다. 교회와 회당은 어떻게 다른 건가요? 기원전 3세기부터 히브리어 구약성경이 헬라어(그리스어)로 번역될 때, 하나님의 백성을 가리키는 말로 자주 사용된 두 단어가 '에클레시아'(Ecclesia, 교회)와 '쉬나고게'(Sinagogue, 회당)입니다. 둘 다 온갖 종류의 모임을 가리키는 평범하고 중립적인 단어입니다. 그런데 교회가 유대교의 울타리를 벗어나면서 단어의 사용과 쓰임이 조금 달라졌습니다. 흥미롭게도 '에클레시아'는 예수 공동체, 곧 '교회'를 가리키는 말로, 그리고 '쉬나고게'는 유대교의 '회당'을 가리키는 말로 각각 고착되었습니다. 개역개정 성경에 등장하는 스데반의 '광야 교회'라는 표현은 두 단어가 정치색을 띠기 전 구약성경의 용법을 반영한 것이고(7:38), 야고보서의 '회당'은 교회가 유대교의 울타리를 벗어나기 전의 상황을 반영합니다(약 2:2).

일어난 일을 보고 주님을 믿게 되었고, 주님의 교훈에 깊은 감명을 받았다.

바울과 바나바가 비시디아의 안디옥에서 전도하다

13 ○ 바울과 그 일행은 바보에서 배를 타고, 밤빌리아에 있는 버가로 건너갔다. 그런데 요한은 그들과 헤어져서 예루살렘으로 돌아갔다. 14 그들은 버가에서 더 나아가, 비시디아의 안디옥에 이르러서, 안식일에 회당에 들어가 앉았다. 15 율법서와 예언자의 글을 낭독한 뒤에, 회당장들이 바울과 바나바에게 사람을 보내어 "형제들이여, 이 사람들에게 권면할 말씀이 있으면 해주시오" 하고 청하였다. 16 그래서 바울은 일어나서, 손을 흔들고 말하였다.

○ "이스라엘 동포 여러분, 그리고 하나님을 두려워하는 사람들이여, 내 말을 들으십시오. 17 이 백성 이스라엘의 하나님께서 우리 조상들을 택하셨습니다. 이 백성이 이집트 땅에서 나

바울은 예수님의 이야기를 하기 위해 이스라엘의 역사를 처음부터 전체적으로 개괄합니다. 예수님의 활동만 이야기해도 시간이 모자랄 텐데, 왜 그런 방식을 취한 건가요? 스데반의 설교가 그렇듯, 예수 복음의 의미를 제대로 파악하려면 역사적 맥락이 필요합니다. 메시아를 보내겠다는 하나님의 약속을 분명히 하기 위해서, 그리고 그 메시아가 바로 예수님이라는 사실을 선포하기 위해서입니다. 그래서 바울은 다윗까지의 역사를 큰 붓으로 빠르게 정리한 다음(17~21절), 다윗에게 주신 하나님의 메시아 약속을 인용하고(22절), 그 약속의 성취가 바로 나사렛 예수라고 선포합니다(22~24절). 이런 구도는 메시아가 오셔야 할 당위성, 그리고 약속하신 메시아를 고대했던 이스라엘이 정작 메시아를 거부하고 믿지 않는 현 상황의 역설을 부각시키기 위해서입니다. 물론 이스라엘이 예수님을 거부하고 죽인 것은 그분의 부활이라는 결정적 주제를 다루기 위한 도입부가 되기도 합니다.

그네 생활을 하는 동안에, 이 백성을 높여주시고, 권능의 팔로 그들을 거기에서 인도하여내셨습니다. 18 광야에서는 사십 년 동안 그들에 대하여 참아주시고, 19 가나안 땅의 일곱 족속을 멸하셔서, 그 땅을 그들에게 유업으로 주시고, 20 약 사백오십 년 동안 차지하게 하셨습니다. 그 뒤에 예언자 사무엘 시대에 이르기까지는 사사들을 보내주시고, 21 그 뒤에 그들이 왕을 요구하기에, 하나님께서는 베냐민 지파 사람 기스의 아들 사울을 그들에게 왕으로 주셔서, 사십 년 동안 그를 왕으로 섬기게 하셨습니다. 22 그다음에 하나님께서는 사울을 물리치시고서, 다윗을 그들의 왕으로 세우시고, 증언하여 말씀하시기를 '내가 이새의 아들 다윗을 찾아냈으니, 그는 내 마음에 드는 사람이다. 그가 내 뜻을 다 행할 것이다' 하셨습니다. 23 하나님은 약속하신 대로 다윗의 후손 가운데서 구주를 세워 이스라엘에게 보내셨으니, 그가 곧 예수입니다. 24 그가 오시기 전에, 요한이 먼저 회개의 세례를 모든 이스라엘 백성에게 선포하였습니다. 25 요한이 자기의 달려갈 길을 거의 다 갔을 때에 말하기를 '여러분은 나를 누구로 생각하십니까? 나는 그리스도가 아닙니다. 그는 내 뒤에 오실 터인데, 나는 그의 신발 끈

바울은 설교하면서 자기 설교를 듣는 청중들을 '아브라함의 자손', 그리고 '하나님을 두려워하는 사람들'(26절)이라고 부릅니다. 이렇게 표현한 이유는 무엇인가요? 유대인 회당 예배에 참여하는 두 핵심 그룹을 가리키는 표현입니다. '아브라함의 자손'은 유대인들입니다. 유대인들은 스스로를 하나님께서 선택하고 언약을 맺으신 아브라함의 적통 후손이라 여겼습니다. 반면 '하나님을 두려워하는 사람들'은 일반적인 표현이지만, 여기서는 특별히 비유대인들 중 유대교 신앙에 귀의해 하나님을 섬기는 사람들을 가리킵니다. 이 중에는 아예 할례를 받고 유대교로 개종한 사람들도 있고(43절), 할례를 받지 않고 회당 예배에 참여하던 이들도 있었습니다.

을 풀어드릴 자격도 없는 사람입니다' 하였습니다.

26 ○ 아브라함의 자손인 동포 여러분, 그리고 여러분 가운데서 하나님을 두려워하는 사람들이여, 하나님께서 이 구원의 말씀을 우리에게 보내셨습니다. 27 그런데 예루살렘에 사는 사람들과 그들의 지도자들이 이 예수를 알지 못하고, 안식일마다 읽는 예언자들의 말도 깨닫지 못해서, 그를 정죄함으로써, 예언자들의 말을 그대로 이루었습니다. 28 그들은 예수를 죽일 만한 아무런 까닭도 찾지 못하였지만, 빌라도에게 강요하여 예수를 죽이게 하였습니다. 29 이와 같이, 그를 가리켜 기록한 것을 다 행한 뒤에, 그들은 예수의 시체를 나무에서 내려다가, 무덤에 두었습니다. 30 그러나 하나님께서 예수를 죽은 사람 가운데서 살리셨습니다. 31 그래서 예수는 자기와 함께 갈릴리에서 예루살렘으로 올라간 사람들에게 여러 날 동안 나타나 보이셨습니다. 이 사람들은 [지금] 백성에게 예수의 증인입니다. 32 우리는 하나님께서 조상들에게 하신 그 약속을 여러분에게 기쁜 소식으로 전합니다. 33 하나님께서 예수를 일으키셔서, [조상들의]

바울이 안식일에 회당에서 한 이야기(16–41절)의 요지는 무엇인가요? 그는 무엇을 위해 이렇게 장황한 이야기를 한 건가요? 위에서 언급한 것처럼 바울의 설교는 첫째, 메시아에 관한 약속을 되새기는 역사적 개관, 둘째, 그 메시아가 나사렛 예수라는 선포, 셋째, 예수를 거부한 이스라엘의 역설적 불신앙, 넷째, 하나님께서 예수를 죽은 자 가운데서 살리신 사실에 대한 (성경적) 논증, 그리고 마지막으로 회개하고 복음을 믿고 영생을 얻으라는 촉구로 이루어져 있습니다. 예수님의 죽음은 당연한 사실이었으므로, 선포의 초점은 그분의 부활에 맞춰집니다. 청중이 회당 내 유대인들인 만큼, 부활에 대한 논증은 구약성경을 새롭게 해석하는 방식으로 이루어집니다. 이 부활하신 그리스도를 통해 죄를 용서받고 하나님과 올바른 관계를 갖게 된다고 선포하면서, 예수님을 구세주로 믿고 받아들이라고 촉구한 것입니다. 여기서 바울의 설교는 하나의 전형으로 제시된 것이며, 이후에는 좀 더 축약된 형태로 나타납니다.

후손인 우리에게 그 약속을 이루어주셨습니다. 시편 둘째 편에 기록한바 '너는 내 아들이다. 오늘 내가 너를 낳았다' 한 것과 같습니다. 34 하나님께서 그를 죽은 사람들 가운데서 살리시고, 다시는 썩지 않게 하셨는데, 이렇게 미리 말씀하셨습니다. '다윗에게 약속한 거룩하고 확실한 복을, 내가 너희에게 주겠다.' 35 그러므로 다른 시편에서는 또 이렇게 말씀하셨습니다. '주님께서는 주님의 거룩한 분이 썩지 않게 하실 것이다.' 36 다윗은 사는 동안, 하나님의 뜻을 받들어 섬기고, 잠들어서 조상들 곁에 묻혀 썩고 말았습니다. 37 그러나 하나님께서 살리신 분은 썩지 않으셨습니다. 38 그러므로 동포 여러분, 바로 이 예수로 말미암아 여러분에게 죄 용서가 선포된다는 것을 알아야 합니다. 39 여러분이 모세의 율법으로는 의롭게 될 수 없던 그 모든 일에서 풀려납니다. 믿는 사람은 누구나 다 예수 안에서 의롭게 됩니다. 40 그러므로 예언서에서 말한 일이 여러분에게 일어나지 않도록 조심하십시오. 이렇게 말하였습니다. 41 '보아라, 너희 비웃는 자들아, 놀라고 망하여라. 내가 너희 시대에 한 가지 일을 할 터인데, 그 일을 누가 너희에게 말하여줄지라도

유대 사람들이 반박하고 비방하자, 바울과 바나바는 이방 사람들에게로 갑니다(50-51절). 이방인들에게 가는 것은 그렇게 중요한 일이었나요? 이것이 의미하는 바는 무엇인가요? 이런 행동은 아브라함의 후손, 곧 할례를 받은 유대인이라야 '하나님의 백성'이 된다는 혈통적 울타리를 헐고, 세상 모든 민족이 하나님의 백성이 될 수 있다는 사실을 선언하는 것입니다. 예수님은 하나님께서 유대인에게 주신 메시아 약속의 성취입니다. 그런 점에서 유대인들은 구원의 역사에서 일종의 우선권을 갖습니다. 하지만 유대인들 다수가 복음을 거절하자, 비로소 비유대인을 향한 선교가 본격적으로 펼쳐집니다. 유대인의 구원사적 우선성, 그러면서도 이제 모든 민족에게 개방된 복음의 보편성이 나란히 드러나는 장면입니다.

너희는 도무지 믿지 않을 것이다.'"

42 ○ 그들이 회당에서 나올 때에, 사람들은 다음 안식일에도 이러한 말씀을 해달라고 청하였다. 43 회중이 흩어진 뒤에도, 유대 사람들과 경건한 개종자들이 바울과 바나바를 많이 따랐다. 바울과 바나바는 그들에게 말을 걸면서, 늘 하나님의 은혜에 머물러 있으라고 권하였다.

44 ○ 그다음 안식일에는 온 동네 사람이 거의 다 하나님의 말씀을 들으려고 모여들었다. 45 유대 사람들이 그 무리를 보고 시기심으로 가득 차서, 바울과 바나바가 한 말을 반박하고 비방하였다. 46 그러나 바울과 바나바는 담대하게 말하였다. "우리는 하나님의 말씀을 당신들에게 먼저 전해야 하였습니다. 그러나 지금 당신들이 그것을 배척하고, 영원한 생명을 얻기에 합당하지 못한 사람으로 스스로 판정하므로, 우리는 이제 이방 사람들에게로 갑니다. 47 주님께서 우리에게 명하시기를 '내가 너를 뭇 민족의 빛으로 삼았으니, 그것은 네가 땅끝까지 구원을 이루게 하려는 것이다' 하셨습니다." 48 이방 사람들은 이 말을 듣고 기뻐하며 주님의 말씀을 찬양하였고, 영원한 생명을 얻도록 정하신 사람은 모두 믿게 되었다. 49 이렇게 해서 주님의 말씀이

제자들이 성령으로 가득 차 있다(52절)고 말하는데, 그 성령은 무엇인가요? '거룩한 영'을 의미하는 성령은 하나님의 영을 가리킵니다. 성령이 주어질 때는 여러 시각적, 청각적 현상들이 나타나기도 하고, 방언이나 예언 등의 현상이 동반될 수도 있었습니다. 하지만 하나님의 함께하심과 손길을 가리키는 성령 자체는 묘사 대상이 아닙니다. 여기서는 기쁨이 넘치는 모습과 연결되어 복음의 생명력을 강조합니다. 사도행전에서 성령은 지혜와 자신감을 불어넣어 제자들이 당당하게 복음을 전하도록 만듭니다. 그리고 기쁨이나 감사처럼, 하나님의 함께하심을 경험하는 제자들의 태도와 연결되기도 합니다.

그 온 지방에 퍼져나갔다. 50 그러나 유대 사람들은 경건한 귀부인들과 그 성의 지도층 인사들을 선동해서, 바울과 바나바를 박해하게 하였고, 그들을 그 지방에서 내쫓았다. 51 그래서 바울과 바나바는 그들에게 발의 먼지를 떨어버리고, 이고니온으로 갔다. 52 제자들은 기쁨과 성령으로 가득 차 있었다.

{ 제14장 }

바울과 바나바가 이고니온에서 전도하다

1 바울과 바나바는 이고니온에서도 이전과 마찬가지로, 유대 사람의 회당에 들어가서 말하였다. 그래서 유대 사람과 그리스 사람이 많이 믿게 되었다. 2 그러나 마음을 돌이키지 않은 유대 사람들이 이방 사람들을 선동해서, 믿는 형제들에게 나쁜 감정을 품게 하였다. 3 두 사도는 오랫동안 거기에 머물면서, 주님을 의지하여 담대하게 말하였다. 주님께서는 그들의 손으로 표징과 놀라운 일을 행하게 하셔서, 그들이 전하는 은혜의 말씀을 확증하여주셨다. 4 그 도시 사람들은 두 편으로 나뉘어서, 더러는 유대 사람의 편을 들고, 더러는 사도의 편을 들었다. 5 그런데 이방 사람들과 유대 사람들이 그들의 관원들과 합세해서, 바울과 바나바를 모욕하고 돌로 쳐 죽이려고 했다. 6 사도들은 그것을 알고, 루가오니아 지방에 있는 두 도시 루스드라와 더베와 그 근방으로 피하였다. 7 그들은 거기에서도 줄곧 복음을 전하였다.

번번이 핍박을 당하는데도 불구하고 바울과 바나바가 이곳저곳 다니며 계속해서 복음을 전하는 이유는 무엇인가요? 진리는 파급력이 있습니다. 그리고 진리를 확신하는 사람들의 행보는 외적 압박에 쉽게 굴하지 않습니다. 무엇보다 이들에게는 비유대인들에게 예수의 복음을 전하라는 구체적 사명이 주어졌습니다(9, 13장). 특히 바울은 예수의 복음이 모두를 위한 것이라고, 그리고 자신은 특별히 이방인에게 복음을 전하는 '이방인의 사도'라고 확신했습니다. 자신의 전도 활동 때문에 유대인과 비유대인 모두에게 배척받고 많은 어려움을 당했지만, 복음에 대한 그의 사명감과 열정을 꺾지는 못했습니다.

바울과 바나바가 루스드라에서 전도하다

8 ㅇ 루스드라에 발을 쓰지 못하는 지체장애인 한 사람이 앉아 있었다. 그는 나면서부터 못 걷는 사람이 되어서, 걸어본 적이 없었다. 9 이 사람이 바울이 말하는 것을 들었다. 바울은 그를 똑바로 바라보고, 고침을 받을 만한 믿음이 그에게 있는 것을 알고는, 10 큰 소리로 "그대의 발로 똑바로 일어서시오" 하고 말하였다. 그러자 그는 벌떡 일어나서, 걷기 시작하였다. 11 무리가 바울이 행한 일을 보고서, 루가오니아 말로 "신들이 사람의 모습으로 우리에게 내려왔다" 하고 소리 질렀다. 12 그리고 그들은 바나바를 제우스라고 부르고, 바울을 헤르메스라고 불렀는데, 그것은 바울이 말하는 역할을 주로 맡았기 때문이다. 13 성 바깥에 있는 제우스 신당의 제사장이 황소 몇 마리와 화환을 성문 앞에 가지고 와서, 군중과 함께 두 사람에게 제사를 드리려고 하였다. 14 이 말을 듣고서, 바나바와 바울 두 사도는 자기들의 옷을 찢고, 군중 가운데로 뛰어 들어가서 외치면서, 15 이렇게 말하였다. "여러분, 어찌하여 이런 일들을 하십니까? 우리도 여러분과 똑같은 성정을 가진 사람입니다. 우리

루스드라의 사람들은 기적을 일으킨 바울과 바나바를 신으로 모시려 했습니다(11-12절). 이것이 당시 사람들이 생각하는 신인가요? 그리스 로마 신화에도 신들이 인간의 모습으로 나타나곤 합니다. 심지어 제우스는 여인을 겁탈하려고 황금색 비로 변하기도 합니다. 바울과 바나바가 나타나 지체장애인을 치유하는 기적을 베풀자, 사람들은 그들이 신의 현현이라 여겼습니다. 선임이었던 바나바는 제우스로, 말하는 역할의 바울은 제우스의 전령 헤르메스로 생각해 그들에게 제사를 드리려 한 것입니다. 이때 바울은 살아계신 하나님을 소개하고, 전통 신들에 대한 신앙의 헛됨을 역설하면서 겨우 그들을 말리지만, 유대인들의 선동으로 돌에 맞아 죽을 뻔하는 고초를 겪습니다.

가 여러분에게 복음을 전하는 것은, 여러분이 이런 헛된 일을 버리고, 하늘과 땅과 바다와 그 안에 있는 모든 것을 만드신, 살아계신 하나님께로 돌아오게 하려는 것입니다. 16 하나님께서는 지나간 세대에는 이방 민족들이 자기네 방식대로 살아가게 내버려두셨습니다. 17 그렇지만 하나님께서 자기를 드러내지 않으신 것은 아닙니다. 곧 하늘에서 비를 내려주시고, 철을 따라 열매를 맺게 하시고, 먹을거리를 주셔서, 여러분의 마음을 기쁨으로 가득 채워주셨습니다." 18 두 사도는 이렇게 말하면서, 군중이 자기들에게 제사하지 못하게 겨우 말렸다.

19 ○ 그런데 유대 사람들이 안디옥과 이고니온에서 거기로 몰려와서 군중을 설득하고, 바울을 돌로 쳤다. 그들은 바울이 죽은 줄 알고, 그를 성 밖으로 끌어냈다. 20 그러나 제자들이 바울을 둘러섰을 때에, 그는 일어나서 성 안으로 들어갔다. 이튿날 그는 바나바와 함께 더베로 떠났다.

유대 사람들은 바울이 전도한 지역으로 몰려와 그를 죽이려 했습니다(19절). 이렇게까지 바울을 반대한 이유는 무엇인가요? 여러 동기가 뒤엉켰을 것입니다. 사도행전은 유대인들의 '시기심'에 관해 말합니다. 객관적으로는 회당에서의 영향력을 둘러싼 일종의 경쟁일 수도 있습니다. 회당에서 복음 선포를 시작했고, 거기서 회심자가 많이 나오면서 독자적 공동체가 형성되곤 했기 때문입니다. 한편 예수님을 만나기 전 바울이 그랬던 것처럼, 이 유대인들은 바나바와 바울 일행이 이방인들을 할례도 없이 받아들이면서 유대인의 신앙적 정체성을 훼손한다고 느꼈을 공산이 큽니다. 사도행전에 따르면, 이러한 신앙적 이유만으로는 한계가 있어서 그들은 바울 일행을 정치적 선동자, 사회 혼란의 주범으로 몰아 해치우려 한 것으로 그려집니다.

바울과 바나바가 수리아의 안디옥으로 돌아오다

21 ○ 바울과 바나바는 그 성에서 복음을 전하여 많은 제자를 얻은 뒤에, 루스드라와 이고니온과 안디옥으로 되돌아갔다. 22 그들은 제자들의 마음을 굳세게 해주고, 믿음을 지키라고 권하였다. 그리고 또 이렇게 말하였다. "우리가 하나님 나라에 들어가려면, 반드시 많은 환난을 겪어야 합니다." 23 그리고 그들을 위해서 각 교회에서 장로들을 임명한 뒤에, 금식을 하면서 기도하고, 그들이 믿게 된 주님께 그들을 맡겼다. 24 그리고 그 두 사람은 비시디아 지방을 거쳐서 밤빌리아 지방에 이르렀다. 25 그들은 버가에서 말씀을 전한 뒤에, 앗달리아로 내려가서, 26 거기에서 배를 타고 안디옥으로 향하여 갔다. 이 안디옥은, 그들이 선교 활동을 하려고, 하나님의 은혜에 몸을 내맡기고 나선 곳이다. 이제 그들은 그 일을 다 이루었다. 27 그곳에 이르러서 그들은 교회 회중을 불러 모으고서, 하나님께서 자기들과 함께 행하신 모든 일과, 하나님께서 이방 사람들에게 믿음의 문을 열어주신 것을 보고하였다. 28 그들은 제자들과 함께 오랫동안 지냈다.

23절에서는 바울과 바나바가 교회에서 장로들을 임명했다고 하는데, 여기 나오는 교회나 장로는 지금의 교회나 장로와 같은 것인가요? 지금의 장로 제도는 성경에서 나왔지만, 세월이 지나면서 당시 상황과는 꽤 달라졌습니다. 원래 장로란 유대교의 '원로' 전통이 계승된 것으로, '감독' 직분과 겹치는 부분도 많습니다. 무엇보다 당시엔 직제 구분이 선명하지 않았습니다. 예수님도 넓은 의미에서 '감독'으로 불리셨습니다(벧전 2:25). 또 신약성경 에베소서에는 시공을 초월한 보편적인 '교회' 개념이 나오기도 하지만, 대개 '교회'는 구체적인 지역 공동체 모임을 가리킵니다. 사람들이 모이는 물리적 공간(건물)이 아니라, 사람들의 모임 자체가 교회입니다.

{ 제15장 }

예루살렘 회의

1 몇몇 사람이 유대에서 내려와서, 이렇게 신도들을 가르쳤다. "여러분이 모세의 관례대로 할례를 받지 않으면, 구원을 얻을 수 없습니다." 2 그래서 바울과 바나바 두 사람과 그들 사이에 적지 않은 충돌과 논쟁이 벌어졌다. 드디어 안디옥 교회는 이 문제로 바울과 바나바와 신도들 가운데 몇 사람을 예루살렘으로 올라가게 해서, 사도들과 장로들을 찾아보게 하였다. 3 그들은 교회의 전송을 받고 떠나서, 페니키아와 사마리아를 거쳐 가면서, 이방 사람들이 회개한 일을 이야기하였다. 그리하여 그들은 그곳의 모든 신도들을 매우 기쁘게 하였다. 4 예루살렘에 이르러서, 그들은 교회와 사도들과 장로들에게 환영을 받고, 하나님께서 그들과 함께 행하신 일들을 모두 보고하였다. 5 그런데 바리새파에 속하였다가 신도가 된 사람 몇이 일어나서 "이방 사람들에게도 할례를 행하고, 모세의 율법을 지키도록 명하여야 합니다" 하고 말하였다.

사도들이 가르치는 내용에서 모세의 율법과 배치되는 부분은 무엇인가요? 사도들은 복음이 모든 민족을 위한 것이라 믿었습니다. 그래서 구약의 율법 가운데 제의, 할례, 절기, 식사 등에 대한 규율처럼 유대인들만의 '독특한' 전통은 더 이상 의미가 없다고 여겼습니다. 다만 오랜 세월 유대인들의 몸에 배어 쉽게 극복하기 어려운 몇몇 민감한 사안들이 있었는데, 안디옥 교회와 같이 유대인과 비유대인이 함께 모인 교회에서는 사도들이 이 점에 대해 이방 신자들의 배려를 요구하기도 했습니다. 반면 율법의 '도덕적' 가르침 대부분은 하나님의 성품을 반영하는 것이기에 여전히 중요한 것으로 간주되었습니다.

6 ○ 사도들과 장로들이 이 문제를 다루려고 모였다. 7 많은 논쟁을 한 뒤에, 베드로가 일어나서 그들에게 말하였다. "형제 여러분, 여러분이 아시는 대로, 하나님께서 일찍이 여러분 가운데서 나를 택하셔서, 이방 사람들도 내가 전하는 복음의 말씀을 듣고 믿게 하셨습니다. 8 그리고 사람의 마음속을 아시는 하나님께서는 우리에게 주신 것과 같이 그들에게도 성령을 주셔서, 그들을 인정해주셨습니다. 9 하나님께서는 그들의 믿음을 보셔서, 그들의 마음을 깨끗하게 하시고, 우리와 그들 사이에, 아무런 차별을 두지 않으셨습니다. 10 그런데 지금 여러분은 왜 우리 조상들이나 우리가 다 감당할 수 없던 멍에를 제자들의 목에 메워서, 하나님을 시험하는 것입니까? 11 우리가 주 예수의 은혜로 구원을 얻고, 그들도 꼭 마찬가지로 주 예수의 은혜로 구원을 얻는다고 우리는 믿습니다."

12 ○ 그러자 온 회중은 조용해졌다. 그리고 그들은 바나바와 바울이 하나님께서 자기들을 통하여 이방 사람들 가운데 행하신 온갖 표징과 놀라운 일을 보고하는 것을 들었다. 13 바나바

어느 도시에나 모세를 전하는 사람이 있다(21절)는 것은 무슨 말인가요? 그렇게 말한 의도는 무엇인가요? 당시 큰 도시에는 거의 다 유대인의 회당이 있었고, 이 회당에서는 지속적으로 율법 교육이 이루어졌으며, 회당 예배에는 늘 율법을 낭독하는 시간이 있었습니다. 또 비유대인들 중에서도 유대교 신앙을 따르는 이들이 적지 않았고, 이들 가운데 기독교인이 된 경우가 매우 많았습니다. 사실 여기 문맥에서 야고보가 이렇게 말한 의도는 명확하지 않습니다. 우선 율법과 할례를 가르치는 사람들은 어차피 많으니 유대교 신앙을 원하면 그리 가면 되고, 우리 교회는 이방인들의 할례 문제에 신경 쓰지 말자는 의도일 수 있습니다. 또 한편으론 모세를 따르는 유대교 신자들이 도처에 있으니 이방 신자들이 좀 조심하도록 주의 사항을 전달하자는 의미일 수도 있습니다.

와 바울이 말을 마친 뒤에, 야고보가 대답하였다. "형제 여러 분, 내 말을 들어보십시오. 14 하나님께서 이방 사람들을 돌아 보셔서, 그들 가운데서 자기 이름을 위하여 처음으로 한 백성 을 택하신 경위를 시므온이 이야기하였습니다. 15 예언자들 의 말도 이것과 일치합니다. 예언서에 이렇게 기록되어 있습 니다. 16 '이 뒤에 내가 다시 돌아와서, 무너진 다윗의 집을 다 시 짓겠으니, 허물어진 곳을 다시 고치고, 그 집을 바로 세우 겠다. 17 그래서 남은 사람이 나 주를 찾고, 내 백성이라는 이 름을 받은 모든 이방 사람이 나 주를 찾게 하겠다. 18 이것은 주님의 말씀이니, 주님은 예부터, 이 모든 일을 알게 해주시는 분이시다.' 19 그러므로 내 판단으로는 하나님께로 돌아오는 이방 사람들을 괴롭히지 말고, 20 다만 그들에게 편지를 보내 서, 우상에게 바친 더러운 음식과 음행과 목매어 죽인 것과 피 를 멀리하라고 하는 것이 좋겠습니다. 21 예로부터 어느 도시 에나 모세를 전하는 사람이 있어서, 안식일마다 회당에서 그 의 글을 읽고 있습니다."

예수님을 믿는 유대인들은 비유대인들을 싫어하거나 인정하지 않으려 했나요? 그 런 이유가 궁금합니다. 싫어했다기보다는 신학적 입장이 달라서, "이런 식은 안 된다"고 말했던 사람들입니다. 원래 유대인, 곧 하나님의 백성은 할례를 받고 유대 율법을 받아들인 사람입니다. 그런데 교회는 성령의 이끄심을 따라 예수님을 믿 는 신앙이 중요할 뿐, 할례처럼 독특한 유대적 관행이 더 이상 하나님의 자녀가 되 는 조건이 아니라고 보았습니다. 하지만 이런 주류 의견에 동의하지 못하고 계속 할례와 율법을 주장한 전통주의자들도 있었습니다. 15장은 이 문제에 대한 교회의 공식적 결정을 보도하지만, 그 후에도 이와 관련된 갈등은 지속되었습니다. 신약성 경에서 바울의 편지인 갈라디아서와 로마서는 이러한 문제를 집중적으로 다루고 있습니다.

이방계 신자들에게 보낸 사도들의 편지

22 ○ 그래서 사도들과 장로들과 온 교회가 대표들을 뽑아서, 바울과 바나바와 함께 안디옥으로 보내기로 결정하였다. 그래서 대표로 뽑힌 사람은 신도들 가운데서 지도자인 바사바라고 하는 유다와 실라였다. 23 그들은 이 사람들 편에 아래와 같은 내용의 편지를 써 보냈다. "형제들인 우리 사도들과 장로들은 안디옥과 시리아와 길리기아의 이방 사람 교우 여러분에게 문안합니다. 24 그런데 우리 가운데 몇몇 사람이 [여러분에게로 가서], 우리가 시키지 않은 여러 가지 말로 여러분을 혼란에 빠뜨리고, 여러분의 마음을 어지럽게 하였다는 소식을 들었습니다. 25 그래서 우리는 몇 사람을 뽑아서, 사랑하는 바나바와 바울과 함께 여러분에게 보내기로 만장일치로 결정하였습니다. 26 바나바와 바울은 우리 주 예수 그리스도의 이름을 위해서 자기 목숨을 내놓은 사람들입니다. 27 또 우리가 유다와 실라를 보내니, 그들이 이 일을 직접 말로 전할 것입니다. 28 성령과 우리는 꼭 필요한 다음 몇 가지밖에는 더 이상 아무 무거운 짐도 여러분에게 지우지 않기로 하였습니다. 29 여러분은

34절은 '(없음)'이라고 나옵니다. 왜 굳이 없는 절을 표시해둔 건가요? 사도행전을 비롯한 모든 성경은 저자의 친필 원고(원문)는 남아 있지 않고, 이를 손으로 베낀 수많은 필사본들이 남아 있습니다. 그리고 여러 필사본들 사이에는 서로 다른 부분이 많이 존재하고요. 오늘날 우리가 보는 성경은 이들 필사본을 일일이 비교해서 복원한 본문입니다. 신약성경의 장절 구분은 사본이 많지 않던 16세기에 만들어졌습니다. 그 후 중요한 사본들이 대거 발견되면서, 당시 본문의 여러 구절들이 원문이 아님이 분명해졌습니다. 하지만 이미 정착된 장절 체계를 완전히 수정할 수는 없는 일이라, 해당 구절만 삭제하는 방법을 택하고 이렇게 표기해둔 것입니다.

우상에게 바친 제물과 피와 목매어 죽인 것과 음행을 멀리하여야 합니다. 여러분이 이런 것을 삼가면, 여러분은 잘 행한다고 하겠습니다. 안녕히 계십시오."

30 ○ 그들은 전송을 받고 안디옥에 내려가서, 회중을 다 모아놓고, 그 편지를 전하여주었다. 31 회중은 편지를 읽고, 그 권면을 기쁘게 받아들였다. 32 유다와 실라도 예언자이므로, 여러 말로 신도들을 격려하고, 굳세게 하여주었다. 33 그들은 거기서 얼마 동안 지낸 뒤에, 신도들에게서 평안히 가라는 전송을 받고서, 자기들을 보낸 사람들에게로 돌아갔다. 34 (없음) 35 그러나 바울과 바나바는 안디옥에 머물러 있으면서, 다른 여러 사람과 함께 주님의 말씀을 가르치고 전하였다.

바울과 바나바가 갈라서다

36 ○ 며칠 뒤에, 바울이 바나바에게 말하였다. "우리가 주님의 말씀을 전파한 여러 도시로 신도들을 다시 찾아가서, 그들

함께 잘 어울리는 것처럼 보였던 바울과 바나바는 마가라는 요한에 대한 평가가 엇갈렸고, 결국 이 문제로 갈라서게 됩니다. 무슨 사연이 있었나요? 이것이 시사하는 바는 무엇인가요? 결코 아름다운 장면은 아니지만, 속사정은 알 수 없습니다. 두 사람은 각자 성품이나 사람을 대하는 방식에서도 차이가 있었을 것이고, 바나바의 경우 마가가 자신의 조카라는 사실도 작용했을 것입니다. 어떤 이들은 이를 개인적 다툼을 넘어 이방 선교에 관한 노선의 충돌 및 결별을 암시하는 상징적인 계기로 해석하기도 하지만, 본문 자체는 마가를 둘러싼 두 인물의 갈등으로만 제시합니다. 신약성경의 다른 곳을 보면, 시간이 흐른 후 마가는 바울에게도 매우 소중한 동료로 인정받은 것으로 나타납니다(골 4:10; 딤후 4:11).

이 어떻게 지내고 있는지를 살펴봅시다." 37 그런데 바나바는 마가라는 요한도 데리고 가려고 하였다. 38 그러나 바울은, 밤빌리아에서 자기들을 버리고 함께 일하러 가지 않은 그 사람을 데리고 가는 것을 좋게 여기지 않았다. 39 그래서 그들은 심하게 다툰 끝에, 서로 갈라서고 말았다. 바나바는 마가를 데리고, 배를 타고 키프로스로 떠나갔다. 40 그러나 바울은 실라를 택하고, 신도들로부터 주님의 은혜가 함께하기를 바라는 인사를 받고서, 길을 떠났다. 41 그래서 시리아와 길리기아를 돌아다니며, 모든 교회를 튼튼하게 하였다.

{ 제16장 }

바울이 디모데를 데리고 가다

1 바울은 더베와 루스드라에도 갔다. 거기에는 디모데라는 제자가 있었는데, 그의 어머니는 신앙이 돈독한 유대 여자이고, 아버지는 그리스 사람이었다. 2 디모데는 루스드라와 이고니온에 있는 신도들에게 호평받는 사람이었다. 3 바울은 디모데가 자기와 함께 가기를 바랐다. 그래서 바울은 그 지방에 사는 유대 사람들을 생각해서, 디모데를 데려다가 할례를 행하였다. 그것은, 디모데의 아버지가 그리스 사람이라는 것을, 그들이 모두 알고 있었기 때문이다. 4 바울 일행은 여러 도시를 두루 다니면서, 예루살렘에 있는 사도들과 장로들이 정한 규정들을 사람들에게 전해주어서 지키게 하였다. 5 교회들은, 그 믿음이 점점 더 튼튼해지고, 그 수가 나날이 늘어갔다.

바울이 디모데를 데려가 할례를 행한 것(3절)은 지금까지 그가 주장한 내용과 달라 보입니다. 왜 그렇게 유대 사람들의 눈치를 본 거죠? 바울에게 중요한 건 믿음과 참된 삶이었기에, 할례라는 의식 자체는 하든 말든 아무 상관이 없었습니다(갈 5:6; 6:15). 여기서도 바울은 불필요한 갈등이 선교를 방해할 수 있다는 현실적인 계산으로 디모데에게 할례를 받도록 합니다. 이런 그가 신약성경의 갈라디아서에서 유독 할례를 '금지'한 것은 할례 속에 담긴 어떤 교리적 이유 때문이 아니라, 할례 문제가 복음에 대한 순종을 방해하는 실제 상황 때문이었습니다. 할례 자체가 아니라, 무의미한 할례 문제 때문에 정작 중요한 복음의 진리, 곧 믿음과 성령으로 의의 소망을 기다리는 삶을 팽개치는 것이 문제입니다.

바울이 환상을 보다

6 ○ 아시아에서 말씀을 전하는 것을 성령이 막으시므로, 그들은 브루기아와 갈라디아 지방을 거쳐 가서, 7 무시아 가까이 이르러서, 비두니아로 들어가려고 하였으나, 예수의 영이 그것을 허락하지 않으셨다. 8 그래서 그들은 무시아를 지나서 드로아에 이르렀다. 9 여기서 밤에 바울에게 환상이 나타났는데, 마케도니아 사람 하나가 바울 앞에 서서 "마케도니아로 건너와서, 우리를 도와주십시오" 하고 간청하였다. 10 그 환상을 바울이 본 뒤에, 우리는 곧 마케도니아로 건너가려고 하였다. 우리는, 마케도니아 사람들에게 복음을 전하기 위하여, 하나님께서 우리를 부르신 것이라고 확신하였기 때문이다.

루디아가 믿다

11 ○ 우리는 드로아에서 배로 떠나서, 사모드라게로 직행하여, 이튿날 네압볼리로 갔고, 12 거기에서 빌립보에 이르렀다.

성령이 막고, 예수의 영이 허락하지 않고(6-7절)…. 그렇다면 지금까지의 모든 일은 성령이 이끌고 예수의 영이 허락해서 진행되었다는 뜻인가요? 집단과 집단의 경계를 넘어서는 일이 쉽지 않듯, 예수의 복음이 유대인과 유대교라는 울타리를 넘는 것도 쉽지는 않았습니다. 그래서 사도행전에는 성령의 직접적인 개입이 유난히 자주 언급됩니다. 예수님의 유대인 제자들이 자연스럽게 비유대인들에게 문호를 개방한 것이라기보다는 오히려 하나님께서 예기치 못한 방향으로 상황을 이끌면서 제자들의 생각을 바꾸어가셨다고 말할 수 있습니다. 이방인의 사도였던 바울의 행보 속에도 이런 장면이 자주 등장합니다. 사람의 계획과 다른, 하나님의 주도적 움직임을 강조하는 장면들입니다.

빌립보는 마케도니아 지방에서 으뜸가는 도시요, 로마 식민지였다. 우리는 이 도시에서 며칠 동안 묵었는데, 13 안식일에 성문 밖 강가로 나가서, 유대 사람이 기도하는 처소가 있음직한 곳을 찾아갔다. 우리는 거기에 앉아서, 모여든 여자들에게 말하였다. 14 그들 가운데 루디아라는 여자가 있었는데, 그는 자색 옷감 장수로서, 두아디라 출신이요, 하나님을 공경하는 사람이었다. 주님께서 그 여자의 마음을 여셨으므로, 그는 바울의 말을 귀담아들었다. 15 그 여자가 집안 식구와 함께 세례를 받고 나서 "나를 주님의 신도로 여기시면, 우리 집에 오셔서 묵으십시오" 하고 간청하였다. 그리고 우리를 강권해서, 자기 집으로 데리고 갔다.

바울과 실라가 갇히다

16 ㅇ 어느 날 우리가 기도하는 곳으로 가다가, 귀신 들려 점을 치는 여종 한 사람을 만났는데, 그는 점을 쳐서, 주인들에게 큰 돈벌이를 해주는 여자였다. 17 이 여자가 바울과 우리를 따라오면서, 큰 소리로 "이 사람들은 지극히 높으신 하나님의

바울과 실라가 모여든 여자들에게 말했다는 언급(13절)이 나오는데요. 그 시대에는 남자와 여자가 한자리에 머물고 대화하는 일에 아무런 제한이 없었나요? 그 당시가 남성 중심 사회이기는 했지만, 그렇다고 남녀가 한자리에 있는 상황 자체가 결코 이상한 것은 아니었습니다. 또 루디아라는 성공적인 여자 사업가의 존재는 당시 로마제국 내 여성의 위상이나 역할이 결코 단순한 것이 아니었음을 말해줍니다. 18장에 등장하는 브리스길라와 아굴라 부부의 경우, 심지어 아내의 이름이 남편보다 먼저 나올 정도로 여성의 영향력이 컸습니다. 예수님이 살아계실 때 그분을 따르던 무리 중에도 여자들이 많았고, 갈릴리를 떠나 예루살렘까지 동행한 여인들도 적지 않았습니다.

종들인데, 여러분에게 구원의 길을 전하고 있다" 하고 외쳤다. 18 그 여자가 여러 날을 두고 이렇게 하므로, 바울이 귀찮게 여기고 돌아서서, 그 귀신에게 "내가 예수 그리스도의 이름으로 네게 명하니, 이 여자에게서 나오라" 하고 말하니, 바로 그 순간에 귀신이 나왔다. 19 그 여자의 주인들은, 자기들의 돈벌이 희망이 끊어진 것을 보고, 바울과 실라를 붙잡아서, 광장으로 관원들에게로 끌고 갔다. 20 그리고 그들을 치안관들 앞에 세워놓고서 "이 사람들은 유대 사람들인데, 우리 도시를 소란하게 하고 있습니다. 21 이 사람들은 로마 시민인 우리로서는, 받아들일 수도 없고 실천할 수도 없는, 부당한 풍속을 선전하고 있습니다" 하고 말하였다. 22 무리가 그들을 공격하는 데에 합세하였다. 그러자 치안관들은 바울과 실라의 옷을 찢어 벗기고, 그들을 매로 치라고 명령하였다. 23 그래서 이 명령을 받은 부하들이 그들에게 매질을 많이 한 뒤에, 감옥에 가두고, 간수에게 그들을 단단히 지키라고 명령하였다. 24 간수는 이런 명령을 받고, 그들을 깊은 감방에 가두고서, 그들

감옥에 갇힌 사도들은 번번이 감옥문이 저절로 열려 풀려나는 희한한 일을 겪습니다. 요즘도 해외 분쟁 지역에서 선교사들이 투옥이나 피습을 당했다는 뉴스가 종종 나옵니다. 그런 기적적인 일들이 오늘날에는 일어나지 않는 이유는 무엇입니까? 그런 이야기는 그야말로 기적일 수도 있고, 자연적 현상을 고대인의 시선으로, 또는 하나님의 개입을 강조하려는 의도로 그려낸 것일 수도 있습니다. 왜 오늘날에는 그런 기적이 없는지 혹은 드문지는 우리가 설명할 수 있는 물음은 아닐 것입니다. 하나님께서 필요 없다 판단하신 것일 수도 있고, 과거엔 기적으로 묘사된 일들이 현대의 우리가 보기에는 자연적 설명이 가능한 일이었을 수도 있습니다. 성경에는 자주 기록되었지만, 사실 이런 특별한 현상들은 사도들의 경우에도 흔치 않은 예외적 현상에 가까웠습니다. 대부분의 사도들이 순교로 삶을 마감했다는 교회의 증언도 숙고해볼 필요가 있겠습니다.

의 발에 차꼬를 단단히 채웠다.

25 ○ 한밤쯤 되어서 바울과 실라가 기도하면서 하나님을 찬양하는 노래를 부르고 있는데, 죄수들이 듣고 있었다. 26 그때에 갑자기 큰 지진이 일어나서, 감옥의 터전이 흔들렸다. 그리고 곧 문이 모두 열리고, 모든 죄수의 수갑이며 차꼬가 풀렸다. 27 간수가 잠에서 깨어서, 옥문들이 열린 것을 보고는, 죄수들이 달아난 줄로 알고, 검을 빼어서 자결하려고 하였다. 28 그때에 바울이 큰 소리로 "그대는 스스로 몸을 해치지 마시오. 우리가 모두 그대로 있소" 하고 외쳤다. 29 간수는 등불을 달라고 해서, 들고 뛰어 들어가, 무서워 떨면서, 바울과 실라 앞에 엎드렸다. 30 그리고 그들을 바깥으로 데리고 나가서 물었다. "두 분 사도님, 내가 어떻게 해야 구원을 얻을 수 있습니까?" 31 그들이 대답하였다. "주 예수를 믿으시오. 그리하면 그대와 그대의 집안이 구원을 얻을 것입니다." 32 그리고 하나님의 말씀을 간수와 그의 집에 있는 모든 사람에게 들려주었다. 33 그 밤 그 시각에, 간수는 그들을 데

이미 감옥에서 풀려났으니 그냥 가면 될 것을 바울이 굳이 로마 시민임을 밝히며 관리들더러 직접 와서 석방 절차를 밟으라고 요구한 이유는 무엇인가요?(37절) 우스갯소리로 '뒤끝 작렬'이라 부를 수 있는 장면입니다. 정작 매 맞을 때는 조용히 맞고 감옥에서도 잠잠히 있다가, 보내주겠다니까 까다롭게 구는 것처럼 보입니다. 당시 관념으로는 부당한 치욕을 받고 공식적으로 명예를 회복하는 장면으로 보일 수 있지만, 바울과는 잘 어울리지 않는 모습입니다. 어쩌면 로마 시민이 부당한 대우를 받았다는 사실을 분명히 각인시킴으로써, 도시 통치자들의 무분별한 폭력에 제동을 걸려는 의도적 행동일 수도 있습니다. 또 이를 통해 교회가 받을 수 있는 부당한 대우를 줄일 수 있으리라는 기대가 있었을지도 모릅니다. 추측이지만, 가장 개연성이 높은 추측인 셈입니다.

려다가, 상처를 씻어주었다. 그리고 그와 온 가족이 그 자리에서 세례를 받았다. 34 간수는 그들을 자기 집으로 데려다가 음식을 대접하였다. 그는 하나님을 믿게 된 것을 온 가족과 함께 기뻐하였다.

35 ○ 날이 새니, 치안관들은 부하들을 보내어, 그 두 사람을 놓아주라고 명령하였다. 36 그래서 간수는 이 말을 바울에게 전하였다. "치안관들이 사도님들을 놓아주라고 사람을 보냈습니다. 그러니 이제 나오셔서, 평안히 가십시오." 37 바울이 그들에게 말하였다. "치안관들이 로마 시민인 우리를 유죄판결도 내리지 않은 채 공공연히 때리고 감옥에 가두었다가, 이제 와서, 슬그머니 우리를 내놓겠다는 겁니까? 안 됩니다. 그들이 직접 와서 우리를 석방해야 합니다." 38 관리들이 이 말을 치안관들에게 전하니, 그들은 바울과 실라가 로마 시민이라는 말을 듣고서 두려워하였다. 39 그래서 치안관들은 가서 그들을 위로하고, 데리고 나가서, 그 도시에서 떠나달라고 청하였다. 40 두 사람은 감옥에서 나와서 루디아의 집으로 갔다. 그리고 거기서 신도들을 만나 그들을 격려하고 떠났다.

{ 제17장 }

바울이 데살로니가에서 전도하다

1 바울 일행은 암비볼리와 아볼로니아를 거쳐서, 데살로니가에 이르렀다. 거기에는, 유대 사람의 회당이 있었다. 2 바울은 자기 관례대로 회당으로 그들을 찾아가서, 세 안식일에 걸쳐 성경을 가지고 그들과 토론하였다. 3 그는, 그리스도께서 반드시 고난을 당하시고 죽은 사람들 가운데서 살아나셔야 한다는 것을 해석하고 증명하면서 "내가 여러분에게 전하고 있는 예수가 바로 그 그리스도이십니다" 하고 말하였다. 4 그들 가운데 몇몇 사람이 승복하여 바울과 실라를 따르고, 또 많은 경건한 그리스 사람들과 적지 않은 귀부인들이 그렇게 하였다. 5 그러나 유대 사람들은 시기하여, 거리의 불량배들을 끌어모아다가 패거리를 지어서 시내에 소요를 일으키고 야손의 집을 습격하였다. 그리고 바울 일행을 끌어다가 군중 앞에 세우려고 찾았다. 6 그러나 그들을 찾지 못하고, 야손과 신도 몇 사람을 시청 관원들에게 끌고 가서, 큰 소리로 외쳤다. "세상을 소

유대 사람의 회당이란 무엇인가요? 당시 사회에서 회당의 역할은 무엇이며, 유대 사람들에게 회당은 어떤 의미인가요? 당시 큰 도시에는 유대인들의 공동체가 형성되었고, 그 삶의 중심에 회당이 있었습니다. 회당은 하나님을 섬기는 공동 예배의 장이기도 했고, 성경을 비롯한 일상의 교육을 담당하는 학교이기도 했으며, 여러 측면에서 유대인 공동체의 구심점 노릇을 했던 핵심 기관입니다. 사도행전에 따르면 어느 도시를 가든 바울의 첫 행선지는 유대인의 회당이었고, 이 회당의 멤버들 중에서 첫 회심자들이 나왔습니다. 특히 사도들의 선교 초기의 이방인 신자들은 대부분 이미 유대인의 회당에 소속되어 유대인의 하나님을 예배하던 사람들이었습니다.

란하게 한 그 사람들이 여기에도 나타났습니다. 7 그런데 야손이 그들을 영접하였습니다. 그 사람들은 모두 예수라는 또 다른 왕이 있다고 말하면서, 황제의 명령을 거슬러 행동을 합니다." 8 군중과 시청 관원들이 이 말을 듣고 소동하였다. 9 그러나 시청 관원들은 야손과 그 밖의 사람들에게서 보석금을 받고 놓아주었다.

바울이 베뢰아에서 전도하다

10 ○ 신도들은 곧바로 그날 밤으로 바울과 실라를 베뢰아로 보냈다. 두 사람은 거기에 이르러서, 유대 사람의 회당으로 들어갔다. 11 베뢰아의 유대 사람들은 데살로니가의 유대 사람들보다 더 고상한 사람들이어서, 아주 기꺼이 말씀을 받아들이고, 그것이 사실인지 알아보려고, 날마다 성경을 상고하였다. 12 따라서, 그들 가운데서 믿게 된 사람이 많이 생겼다. 또 지체가 높은 그리스 여자들과 남자들 가운데서도 믿게 된 사람이 적지 않았다. 13 데살로니가의 유대 사람들은, 바울이 베뢰

바울은 여러 곳에서 활동했는데, 그때마다 많은 사람들이 바울이 전하는 내용을 믿게 됩니다. 그중에는 사회 유력 인사들도 있고요. 사람들이 그렇게 쉽게 설득된 건 그가 전하는 내용이 새로운 것이었기 때문인가요, 아니면 다른 이유가 있나요? 본문을 자세히 읽어보면 그렇게 쉽게 설득된 것은 아니라고 볼 수도 있습니다. 사도행전의 기록 자체가 긴 내용을 축약해놓은 것이기 때문에 쉽게 설득된 것처럼 보일 수 있습니다. 설득이 쉬웠든 그렇지 않든, 바울은 자신의 선포에서 성령의 일하심을 강조합니다. 인간적인 기준으로 보았을 때 십자가와 부활의 복음은 믿기 어려운 이야기지만, 성령께서 바울과 청중의 마음을 움직여 믿도록 하셨다는 것입니다. 이런 믿음의 깨우침은 사람의 이성적 지식이 아니라 하나님의 성령이 깨우쳐주신 결과입니다.

아에서도 하나님의 말씀을 전하는 것을 알고서, 거기에도 가서, 무리를 선동하여 소동을 벌였다. 14 그때에 신도들이 곧바로 바울을 바닷가로 떠나보냈다. 그러나 실라와 디모데는 거기에 그대로 남아 있었다. 15 바울을 안내하는 사람들이 바울을 아테네까지 인도하였다. 그들은 바울에게서, 실라와 디모데가 할 수 있는 대로 빨리 그에게로 와야 한다는 지시를 받아 가지고, 베뢰아로 떠나갔다.

바울이 아테네에서 전도하다

16 ○ 바울은, 아테네에서 그들을 기다리고 있는 동안에, 온 도시가 우상으로 가득 차 있는 것을 보고 격분하였다. 17 그래서 바울은 회당에서는 유대 사람들과 이방 사람 예배자들과 더불어 토론을 벌였고, 또한 광장에서는 만나는 사람들과 날마다 토론하였다. 18 그리고 몇몇 에피쿠로스 철학자와 스토아 철학자도 바울과 논쟁하였는데, 그 가운데서 몇몇 사람은 "이 말쟁이가 도대체 무슨 소리를 하려는 것인가?" 하고 말하

16절을 보면 온 도시가 우상으로 가득 차 있어서 바울이 격분했다고 하는데, 당시 아테네 분위기는 어떠했나요? 고대사회는 종교가 삶의 전반에 스며 있었습니다. 아테네뿐 아니라 큰 도시들에는 온갖 신들의 형상이 즐비했습니다. 그리스에서 전해져 로마화된 신들(가령, 그리스의 제우스=로마의 유피테르)도 있고, 이집트의 이시스와 오시리스 또는 미트라교처럼 동방으로부터 전해진 신흥 종교들도 많았으며, 아르테미스 여신 숭배처럼 전통 종교와 섞이기도 했습니다. 또한 바울 당시에는 황제와 그 가족을 신으로 모시는 황제 제의가 상당히 퍼져 있어서, 이를 위한 신전이나 시설물도 적지 않았습니다. 사도행전은 심지어 '알지 못하는 신에게'(23절) 바치는 조각상도 있었다고 말해줍니다. 이 말은 당시 분위기를 명확하게 요약해 보여줍니다. 당시 아테네는 한 분 하나님을 섬기는 그리스도인들에게는 쉽지 않은 분위기였습니다.

는가 하면, 또 몇몇 사람은 "그는 외국 신들을 선전하는 사람인 것 같다" 하고 말하기도 하였다. 그것은 바울이 예수를 전하고 부활을 전하기 때문이었다. 19 그들은 바울을 붙들어, 아레오바고 법정으로 데리고 가서 "당신이 말하는 이 새로운 교훈이 무엇인지 우리가 알 수 있겠소? 20 당신은 우리 귀에 생소한 것을 소개하고 있는데, 도대체 그것이 무엇인지 알고 싶소" 하고 말하였다. 21 모든 아테네 사람과 거기에 살고 있는 외국 사람들은, 무엇이나 새로운 것을 말하고 듣는 일로만 세월을 보내는 사람들이었다.

22 ○ 바울이 아레오바고 법정 가운데 서서, 이렇게 말하였다. "아테네 시민 여러분, 내가 보기에, 여러분은 모든 면에서 종교심이 많습니다. 23 내가 다니면서, 여러분이 예배하는 대상들을 살펴보는 가운데, '알지 못하는 신에게'라고 새긴 제단도 보았습니다. 그러므로 나는 여러분이 알지 못하고 예배하는 그 대상을 여러분에게 알려드리겠습니다. 24 우주와 그 안에 있는 모든 것을 창조하신 하나님께서는 하늘과 땅의 주님이시므로, 사람의 손으로 지은 신전에 거하지 않으십니다. 25 또

법정에 선 바울의 모습은 죄수의 신분이 아닌 것 같아 보이는데요. 아레오바고 법정은 어떤 곳인가요? 이 경우는 법정이 아니라 종교적, 철학적 토론을 위한 마당이었습니다. 헬라어로 '아레이오스 파고스'는 '아레스의 언덕', 로마식으로 '마르스의 언덕'인데, 오랜 신화에서 유래한 이름입니다. 포세이돈의 아들 할리로티오스가 아레스의 딸 알키페를 겁탈하려 하자 아레스는 그를 현장에서 때려죽입니다. 화가 난 포세이돈은 올림포스의 신들에게 아레스를 고소하고, 이 언덕에서 재판이 이루어져 신들은 아레스에게 무죄를 선고합니다. 나름 무법자인 아레스가 '증거주의'에 따라 법의 보호를 받는, 공정하지만 속이 복잡해지는 이야기입니다. 현재 그리스 대법원은 바로 이 이름으로 불리고 있습니다.

하나님께서는, 무슨 부족한 것이라도 있어서 사람의 손으로 섬김을 받으시는 것이 아닙니다. 그분은 모든 사람에게 생명과 호흡과 모든 것을 주시는 분이십니다. 26 그분은 인류의 모든 족속을 한 혈통으로 만드셔서, 온 땅 위에 살게 하셨으며, 그들이 살 시기와 거주할 지역의 경계를 정해놓으셨습니다. 27 이렇게 하신 것은, 사람으로 하여금 하나님을 찾게 하시려는 것입니다. 사람이 하나님을 더듬어 찾기만 하면, 만날 수 있을 것입니다. 사실, 하나님은 우리 각 사람에게서 멀리 떨어져 계시지 않습니다.

28 ㅇ 여러분의 시인 가운데 어떤 이들도 '우리도 하나님의 자녀이다' 하고 말한 바와 같이, 우리는 하나님 안에서 살고, 움직이고, 존재하고 있습니다. 29 그러므로 하나님의 자녀인 우리는 신을, 사람의 기술과 고안으로 금이나 은이나 돌에다가 새겨서 만든 것과 같다고 생각해서는 안 됩니다. 30 하나님께서는 무지했던 시대에는 눈감아주셨지만, 이제는 어디에서나 모든 사람에게 회개하라고 명하십니다. 31 그것은, 하나님

아레오바고 법정에서 바울이 한 말은 기존의 그의 설교와는 내용이나 스타일이 많이 달라 보입니다. 특별한 이유가 있나요? 우선 청중이 스토아학파와 에피쿠로스학파의 철학자들이어서 바울은 이들과 대화의 접촉점을 찾는 데 많은 관심을 기울입니다. 복음의 구체적인 내용은 상당히 축약되어 나옵니다. 평소와는 많이 다르지만, 청중에 맞게 대화의 물꼬를 트며 복음을 전하는 모습이 두드러집니다. 바울의 메시지는 예수님의 부활에 집중되는데, 그가 부활(아나스타시스)이라는 새로운 신을 전하는 것으로 오해받기도 합니다. 간혹 바울이 아테네에서 철학적 설교에 실패한 후 고린도에서는 십자가만 전하기로 결심한 것(고전 2:1-2)이라고 말하는 경우가 있지만, 사실과 다릅니다. 아테네치고는 성과가 나쁘지 않았고, 십자가만 선포하겠다는 말의 의미도 적절한 설득의 수단을 포기하겠다는 말과는 거리가 멉니다.

께서 세계를 정의로 심판하실 날을 정해놓으셨기 때문입니다. 하나님께서는 자기가 정하신 사람을 내세워서 심판하실 터인데, 그를 죽은 사람들 가운데서 살리심으로, 모든 사람에게 확신을 주셨습니다."

32 ○ 그들이 죽은 사람들의 부활에 대해서 들었을 때에, 더러는 비웃었으나, 더러는 "이 일에 관해서 당신의 말을 다시 듣고 싶소" 하고 말하였다. 33 이렇게 바울은 그들을 떠났다. 34 그러나 몇몇 사람은 바울 편에 가담하여 신자가 되었다. 그 가운데는 아레오바고 법정의 판사인 디오누시오도 있었고, 다마리라는 부인도 있었고, 그 밖에 다른 사람들도 있었다.

{ 제18장 }

바울이 고린도에서 전도하다

1 그 뒤에 바울은 아테네를 떠나서, 고린도로 갔다. 2 거기서 그는 본도 태생인 아굴라라는 유대 사람을 만났다. 아굴라는 글라우디오 황제가 모든 유대 사람에게 로마를 떠나라는 칙령을 내렸기 때문에, 얼마 전에 그의 아내 브리스길라와 함께 이탈리아에서 온 사람이다. 바울은 그들을 찾아갔는데, 3 생업이 서로 같으므로, 바울은 그들 집에 묵으면서 함께 일을 하였다. 그들의 직업은 천막을 만드는 일이었다. 4 바울은 안식일마다 회당에서 토론을 벌이고, 유대 사람과 그리스 사람을 설득하려 하였다.

5 ○ 실라와 디모데가 마케도니아에서 내려온 뒤로는, 바울은 오직 말씀을 전하는 일에만 힘을 쓰고, 예수가 그리스도이심을 유대 사람들에게 밝혀 증언하였다. 6 그러나 유대 사람들이 반대하고 비방하므로, 바울은 그의 옷에서 먼지를 떨고서, 그들에게 말하였다. "여러분이 멸망을 받으면, 그것은 오

유대 사람들은 왜 바울이 말하는 것을 반대하고 비방했나요? 사도행전은 바울의 주된 반대자로 유대인을 내세웁니다. 유대인들은 예수 추종자들이 유대인들의 정체성과 유대교 신앙의 순수성을 훼손한다고 생각했고, 그래서 회심하기 이전에 교회를 박해했던 사울(바울)처럼 이런 '이단'을 막는 것이 하나님을 향한 열심의 표현이라고 믿었습니다. 사도행전이 유대인들의 시기심을 부각시키는 것을 보면, 회당을 둘러싼 권력 싸움의 측면도 없지 않았을 것입니다. 물론 우리는 이런 이야기를 '모든' 유대인의 이야기로 읽지 않도록 조심해야 합니다. 또 이것이 유대인들이 예수님의 신자들을 박해한 유일한 원인도 아니었습니다.

로지 여러분의 책임이지 나의 잘못은 아닙니다. 이제 나는 이 방 사람에게로 가겠습니다." 7 바울은 거기를 떠나서, 디디오 유스도라는 사람의 집으로 갔는데, 그는 이방 사람으로서, 하나님을 공경하는 사람이고, 그의 집은 바로 회당 옆에 있었다. 8 회당장인 그리스보는 그의 온 집안 식구와 함께 주님을 믿는 신자가 되었다. 그리고 고린도 사람 가운데서도 많은 사람이 바울의 말을 듣고서, 믿고 세례를 받았다. 9 그런데 어느 날 밤에, 환상 가운데 주님께서 바울에게 말씀하셨다. "무서워하지 말아라. 잠자코 있지 말고, 끊임없이 말하여라. 10 내가 너와 함께 있으니, 아무도 너에게 손을 대어 해하지 못할 것이다. 이 도시에는 나의 백성이 많다." 11 바울은 그들 가운데서 하나님의 말씀을 가르치면서, 일 년 육 개월 동안 머물렀다.

12 ○ 그러나 갈리오가 아가야 주 총독으로 있을 때에, 유대 사람이 한패가 되어 바울에게 달려들어, 그를 재판정으로 끌고 가서, 13 "이 사람은 법을 어기면서, 하나님을 공경하라고 사람들을 선동하고 있습니다" 하고 말하였다. 14 바울이 막 입을 열려고 할 때에, 갈리오가 유대 사람에게 말하였다. "유대 사람

1년 6개월이나 머물렀던 것(11절)으로 보아 고린도는 바울에게 각별해 보입니다. 고린도는 바울에게 어떤 곳이었나요? 바울이 여기저기 바쁘게 다니면서 교회를 세운 후 금방 떠나곤 한 것처럼 보이지만, 사실 불가피한 경우들이 대부분이었습니다. 사정이 허락되었을 때 그는 고린도나 에베소에서처럼 오래 머물기도 했습니다. 고린도는 그리스 본토와 펠로폰네소스를 잇는 지협에 위치한 무역 요충지이자 산업 도시로, 빠른 경제성장을 경험하는 중이었습니다. 그만큼 세속적 가치의 위력이 큰 도시이기도 했습니다. 여기서도 복음을 믿는 이들이 적지 않아 교회가 세워졌지만, 이후 이 교회는 바울에게 가장 큰 고민거리를 안겨주기도 했습니다. 그가 남긴 두 개의 편지(신약성경의 고린도전서와 고린도후서)는 이런 힘겨운 목회 과정을 생생하게 보여줍니다.

여러분, 사건이 무슨 범죄나 악행에 관련된 일이면, 내가 여러분의 송사를 들어주는 것이 마땅할 것이오. 15 그러나 문제가 언어와 명칭과 여러분의 율법에 관련된 것이면, 여러분이 스스로 알아서 처리하시오. 나는 이런 일에 재판관이 되고 싶지 않소." 16 그래서 총독은 그들을 재판정에서 몰아냈다. 17 그들은 회당장 소스데네를 붙들어다가 재판정 앞에서 때렸다. 그러나 갈리오는 이 일에 조금도 참견하지 않았다.

바울이 안디옥에 돌아가다

18 ○ 바울은 여러 날을 더 머무른 뒤에, 신도들과 작별하고, 배를 타고 시리아로 떠났다. 브리스길라와 아굴라가 그와 동행하였다. 그런데 바울은 서원한 것이 있어서, 겐그레아에서 머리를 깎았다. 19 그 일행은 에베소에 이르렀다. 바울은 그 두 사람을 떼어놓고, 자기 혼자 회당에 들어가서, 유대 사람과 토론하였다. 20 그들은 바울에게 좀 더 오래 머물러달라고 청하였으나, 바울은 거절하고, 21 "하나님의 뜻이면, 내가

14-17절에서 드러나는 총독 갈리오의 태도, 그리고 유대인들이 재판정 앞에서 회당장을 때린 일은 서로 어떤 상관관계가 있나요? 갈리오는 고대 로마제국의 유명한 철학자 세네카의 형입니다. 로마 총독답게 그는 유대인들을 하찮게 생각했고, 중대 사안이 아닌 유대인들 내부의 소소한 다툼에는 신경 쓰지 않았습니다. 피고와 원고 할 것 없이 재판정에서 쫓아내는 모습이 그런 태도를 잘 말해줍니다. 화가 난 유대인은 일을 제대로 처리하지 못한 회당장에게 분풀이를 하며 재판정 앞에서 그를 때리지만, 갈리오는 하찮은 유대인들 사이의 이야기라 전혀 개의치 않습니다. 참고로 갈리오의 존재는 바울의 행적에서 연도를 확인하는 데 매우 요긴합니다. 그의 총독 임기가 51-52년 무렵으로 확인되기 때문입니다.

다시 돌아오겠습니다" 하고 작별 인사를 한 뒤에, 배를 타고 에베소를 떠났다. 22 바울은 가이사랴에 내려서, 예루살렘으로 올라가 교회에 문안한 뒤에, 안디옥으로 내려갔다. 23 바울은 얼마 동안 거기에 있다가, 그곳을 떠나 갈라디아 지방과 부르기아 지방을 차례로 두루 다니면서, 모든 신도를 굳세게 하였다.

아볼로의 전도 활동

24 ○ 그런데 알렉산드리아 태생으로 아볼로라는 유대 사람이 에베소에 왔다. 그는 말을 잘하고, 성경에 능통한 사람이었다. 25 그는 이미 주님의 '도'를 배워서 알고 있었고, 예수에 관한 일을 열심히 말하고 정확하게 가르쳤다. 그렇지만 그는 요한의 세례밖에 알지 못하였다. 26 그가 회당에서 담대하게 말하기 시작하니, 브리스길라와 아굴라가 그의 말을 듣고서, 따로 그를 데려다가, [하나님의] '도'를 더 자세하게 설명하여주었다. 27 아볼로는 아가야로 건너가고 싶어 하였다. 그래서 신

바울이 전하는 내용에 대해 유대 사람보다는 비유대인들이 더 수용적으로 보입니다. 그 이유가 궁금합니다. 고대사회에서 나무에 매달려 죽임당하는 것은 하나님께 저주받았다는 의미이므로, 유대인들은 십자가(=나무)에 달려 죽은 예수가 하나님께서 약속하신 메시아라는 것을 믿는 것 자체가 어려웠습니다. 또 하나님의 특별한 선택을 믿었던 유대인들로서는 하나님의 구원이 모든 민족에게 해당된다는 사실을 수용하기도 어려웠을 테고요. 반면 이스라엘의 하나님을 섬기면서도 여전히 무할례자로 취급받던 회당 내 비유대인들이라면, 외적 신분과 관계없이 예수님에 대한 믿음만이 참 구원의 길이라는 선포가 도리어 반가웠을 것입니다. 물론 대부분의 비유대인들은 십자가에 달린 구원자에 대한 복음 자체가 터무니없는 소리라 여겼습니다.

도들이 그를 격려하고, 그쪽 제자들에게 아볼로를 영접하라고 편지를 보냈다. 그는 거기에 이르러서, 이미 하나님의 은혜로 신도가 된 사람들에게 큰 도움을 주었다. 28 그가 성경을 가지고, 예수가 그리스도이심을 증명하면서, 공중 앞에서 유대 사람들을 힘 있게 논박했기 때문이다.

{ 제19장 }

바울의 에베소 전도 활동

1 아볼로가 고린도에 있는 동안에, 바울은 높은 지역들을 거쳐서, 에베소에 이르렀다. 거기서 그는 몇몇 제자를 만나서, 2 "여러분은 믿을 때에, 성령을 받았습니까?" 하고 물었다. 그들은 "우리는 성령이 있다는 말을 들어보지도 못하였습니다" 하고 대답하였다. 3 바울이 다시 물었다. "그러면 여러분은 무슨 세례를 받았습니까?" 그들이 "요한의 세례를 받았습니다" 하고 대답하니 4 바울이 말하였다. "요한은 백성들에게 자기 뒤에 오

요한의 세례는 무엇이며, 예수의 이름으로 세례를 받는 건 또 무엇인가요?(3-5절) 둘은 어떤 차이가 있나요? 요한은 요단강에서 '물'로 회개의 세례를 주었으며, 그의 예언자 같은 모습은 당시 대중들에게 큰 인상을 남겼습니다. 또 요한의 열정적인 추종자들은 교회와 별개로 독자적인 운동을 형성하기도 했습니다. 그러나 신약성경은 그를 '불과 성령으로 세례를 주실 예수'의 길을 예비하는 선구자로 묘사합니다. 교회도 회개와 갱생의 상징으로 물 세례를 이어받았지만, 예수의 이름으로 이 세례를 베풀었습니다. 속죄와 새로운 생명의 필요성을 강조하면서, 이것이 예수님을 통해 주어진다는 사실을 분명히 밝힌 것입니다.

시는 이 곧 예수를 믿으라고 말하면서, 회개의 세례를 주었습니다." 5 이 말을 듣고, 그들은 주 예수의 이름으로 세례를 받았다. 6 그리고 바울이 그들에게 손을 얹으니, 성령이 그들에게 내리셨다. 그래서 그들은 방언으로 말하고 예언을 했는데, 7 모두 열두 사람쯤 되었다.

8 ○ 바울은 회당에 들어가서, 석 달 동안 하나님 나라의 일을 강론하고 권면하면서, 담대하게 말하였다. 9 그러나 몇몇 사람은, 마음이 완고하게 되어서 믿으려 하지 않고, 온 회중 앞에서 이 '도'를 비난하므로, 바울은 그들을 떠나, 제자들을 따로 데리고 나가서, 날마다 두란노 학당에서 강론하였다. 10 이런 일을 이태 동안 하였다. 아시아에 사는 사람들은, 유대 사람이나 그리스 사람이나, 모두 주님의 말씀을 듣게 되었다.

스게와의 아들들

11 ○ 하나님께서 바울의 손을 빌려서 비상한 기적들을 행하셨다. 12 심지어 사람들이, 바울이 몸에 지니고 있는 손수건이나 두르고 있는 앞치마를 그에게서 가져다가, 앓는 사람 위에

바울의 손에서 비상한 기적들이 일어나고 그것을 본 사람들은 바울이 전하는 내용을 쉽게 받아들입니다. 기적이 없었어도 같은 결과가 나왔을까요? 당연한 말이지만, 실제로 기적은 믿음을 갖는 데 중요한 역할을 했습니다. 믿음이 없는 마음에 믿음을 일으키기도 하고, 믿는 마음을 더 강하게 만들기도 합니다. 기적이 하나님의 놀라운 능력을 보여주기 때문입니다. 물론 사도행전에는 기적 없이 말씀만을 듣고 믿음에 이르는 사람들도 많습니다. 기적보다는 올바른 깨달음이 필요한 경우도 많기 때문입니다. 그런 점에서 기적은 선포되는 복음의 확실함을 뒷받침하는, 일종의 보조 교재라 할 수 있습니다. 애초에 믿지 않을 사람에게는 어떤 기적도 전혀 도움이 되지 않았습니다.

얹기만 해도 병이 물러가고, 악한 귀신이 쫓겨 나갔다. 13 그런데 귀신 축출가로 행세하며 떠돌아다니는 몇몇 유대 사람조차도 "바울이 전파하는 예수를 힘입어서 내가 너희에게 명령한다" 하고 말하면서, 악귀 들린 사람들에게 주 예수의 이름을 이용하여 귀신을 내쫓으려고 시도하였다. 14 스게와라는 유대인 제사장의 일곱 아들도 이런 일을 하였는데, 15 귀신이 그들에게 "나는 예수도 알고, 바울도 알지만, 당신들은 도대체 누구요?" 하고 말하였다. 16 그러고서 악귀 들린 사람이 그들에게 달려들어, 그들을 짓눌러 이기니, 그들은 몸에 상처를 입고서, 벗은 몸으로 그 집에서 도망하였다. 17 이 일이 에베소에 사는 모든 유대 사람과 그리스 사람에게 알려지니, 그들은 모두 두려워하고, 주 예수의 이름을 찬양하였다. 18 그리고 신도가 된 많은 사람이 와서, 자기들이 한 일을 자백하고 공개하였다. 19 또 마술을 부리던 많은 사람이 그들의 책을 모아서, 모든 사람 앞에서 불살랐다. 책값을 계산하여보니, 은돈 오만 닢에 맞먹었다. 20 이렇게 하여 주님의 말씀이 능력 있게 퍼져나가고, 점점 힘을 떨쳤다.

사도행전에는 '아시아'라는 지명이 여러 번 언급되는데요. 아무래도 우리가 알고 있는 아시아와는 다른 지역 같습니다. 어디를 말하는 것인가요? 신약성경 속에 나오는 여러 지명은 현대에 붙여진 것이 아니라 1세기 당시에 사용되던 이름입니다. 사도행전에 나오는 아시아는 당시 로마제국의 행정구역 중 하나인 '아시아'를 가리킵니다. 이 아시아 지역은 예로부터 동방과 서방을 잇는 중요한 통로 역할을 했습니다. 그곳은 현재 아시아 대륙의 서쪽 끝, 터키 서부 지역에 해당합니다. 우리는 고대 로마의 아시아를 현대의 아시아와 구별하기 위해 종종 '소아시아'(Asia Minor)라 부르기도 합니다.

에베소에서 일어난 소동

21 ○ 이런 일이 있은 뒤에, 바울은 마케도니아와 아가야를 거쳐 예루살렘으로 가기로 마음에 작정하고 "나는 거기에 갔다가, 로마에도 꼭 가보아야 하겠습니다" 하고 말하였다. 22 그래서 자기를 돕는 사람들 가운데서 디모데와 에라스도 두 사람을 마케도니아로 보내고, 자기는 얼마 동안 아시아에 더 머물러 있었다. 23 ○ 그 무렵에 주님의 '도' 때문에 적지 않은 소동이 일어났다. 24 데메드리오라고 하는 은장이가 은으로 아데미 여신의 모형 신전들을 만들어서, 직공들에게 적지 않은 돈벌이를 시켜 주었다. 25 그가 직공들과 이런 일에 종사하는 사람들을 모아 놓고 말하였다. "여러분, 여러분이 아시는 바와 같이, 우리는 이 사업으로 잘살고 있습니다. 26 그런데 여러분이 보고 듣는 대로, 바울이라는 이 사람이 에베소에서뿐만 아니라, 거의 온 아시아에 걸쳐서, 사람의 손으로 만든 신은 신이 아니라고 말하면서, 많은 사람을 설득해서 마음을 돌려놓았습니다. 27 그러니 우리의 이 사업이 명성을 잃을 위험이 있을 뿐만 아니라,

바울은 왜 정착해서 전도하지 않고, 도시와 도시로 이동하며 전도한 것인가요? 바울은 가능하면 많은 도시에 교회를 세우고자 했습니다. 주요 도시에 거점 교회를 세우고, 거기서 계속 복음이 퍼져나가도록 하는 전략입니다. 하지만 바울의 가장 깊은 관심사는 건강한 교회를 세워야 한다는 것이었습니다. 그래서 필요하면 한곳에 오래 머물기도 하고, 갔던 곳을 다시 방문하기도 했습니다. 바울은 자신이 비유대인의 사도로서 가능하면 많은 이들에게 복음을 전해야 한다고 믿었습니다. 그래서 고린도에서 로마의 신자들에게 편지하면서, 제국의 동쪽 선교를 마무리하고 이제 로마를 거쳐 스페인으로 가겠다는 의사를 피력하기도 합니다(롬 15:22-28). 바울은 자신의 사역이 하나님의 구원의 역사를 앞당기는 노력이 되리라 생각했던 것으로 보입니다.

위대한 아데미 여신의 신전도 무시당하고, 또 나아가서는 온 아시아와 온 세계가 숭배하는 이 여신의 위신이 땅에 떨어지고 말 위험이 있습니다."

28 ○ 거기에 서 있는 사람들이 이 말을 듣고 격분해서 "에베소 사람의 아데미 여신은 위대하다!" 하고 소리를 질렀다. 29 그래서 온 도시는 큰 혼란에 빠졌고, 군중이 바울의 동행자들인 마케도니아 사람 가이오와 아리스다고를 붙잡아서 한꺼번에 극장으로 몰려 들어갔다. 30 바울이 군중 속에 들어가려고 하였으나, 제자들이 그것을 말렸다. 31 바울에게 호감을 가진 아시아의 몇몇 고관들도 사람을 보내서, 바울에게 극장에 들어가지 말라고 권하였다. 32 극장 안에서는, 더러는 이렇게 외치고, 더러는 저렇게 외치는 바람에, 모임은 혼란에 빠지고, 무엇 때문에 자기들이 모여들었는지조차 알지 못하는 사람이 많았다. 33 유대 사람들이 알렉산더를 앞으로 밀어내니, 군중 가운데서 몇 사람이 그를 다그쳤다. 알렉산더가 조용히 해달라고 손짓을 하고서, 군중에게 변명하려고 하였다. 34 그러나 군중은 알렉산더가 유대 사람인 것을 알고는, 모두 한목소리로 거의 두 시간 동안이나 "에베소 사람의 아데미 여신은 위대하

29절에 나오는 극장은 어디를 말하나요? 당시의 극장은 이렇게 토론이나 시위를 위한 장소였나요? 현재 에베소의 아주 유명한 유적지 가운데 하나인 대극장은 24,000명 정도를 수용할 수 있는데, 로마제국에서 가장 큰 극장 중 하나입니다. 바울이 체류할 때 소동이 벌어졌던 그 극장인지는 확실치 않습니다. 바울 당시에는 그 극장이 아직 건축 중이었기 때문입니다. 그 시대의 극장은 연극이나 검투 등의 공연을 위한 장소이기도 했고, 많은 사람이 모일 수 있는 장소인 만큼 다양한 공적 행사를 위한 무대가 되기도 했습니다. 바울에게 분노한 은장이가 일으킨 소요가 극장에서의 혼란한 집회로 이어진 것도 매우 자연스러운 상황이라 할 수 있습니다.

다!" 하고 외쳤다. 35 드디어 시청 서기관이 무리를 진정시키고 나서 말하였다. "에베소 시민 여러분, 우리의 도시 에베소가 위대한 아데미 여신과 하늘에서 내린 그 신상을 모신 신전 수호자임을 모르는 사람이 어디 있습니까? 36 이것은 부인할 수 없는 사실이니, 여러분은 마땅히 진정하고, 절대로 경솔한 행동을 해서는 안 됩니다. 37 신전 물건을 도둑질한 사람도 아니요 우리 여신을 모독한 사람도 아닌 이 사람들을, 여러분은 여기에 끌고 왔습니다. 38 그러므로 데메드리오와 그와 함께 있는 직공들이 누구를 걸어서 송사할 일이 있으면, 재판정도 열려 있고, 총독들도 있으니, 당사자들이 서로 고소도 하고, 맞고소도 해야 할 것입니다. 39 여러분이 이 이상으로 해결하고자 하는 어떤 문제가 있으면, 그것은 정식 집회에서 처리되어야 할 것입니다. 40 우리는 오늘 일어난 이 일 때문에, 소요죄로 문책을 받을 위험이 있습니다. 우리는 이 소요를 정당화할 수 있는 아무런 명분이 없습니다." 41 이렇게 말하고서, 그는 모임을 해산시켰다.

생계를 위협받게 된 은장이는 사람들을 선동하고, 시청 서기관은 무리를 설득해 시위를 해산시킵니다. 이 사건은 무슨 의미가 있습니까? 에베소는 이교 숭배, 특별히 아르테미스(로마 신화의 디아나, 본문에서는 아데미) 여신 숭배의 중심지로 유명했던 곳이어서, 신상 모형을 만들어 파는 일이 큰 수입원 중 하나였습니다. 따라서 신상을 제작하던 장인들의 조합이 자신들의 사업에 방해가 되는 원인을 제거하려 했던 것은 일견 자연스럽습니다. 한편 로마제국 치하에서도 에베소는 상당한 자치권을 가진 자유도시의 특권을 누리고 있었지만, 집단 소요와 같은 치안 불안 사태가 로마의 치안권이 발동되거나 도시가 가진 권한을 박탈하는 빌미가 될 수 있으므로 도시의 책임자로서는 대규모 소요가 우려스러울 수밖에 없었습니다.

{ 제20장 }

바울의 마케도니아와 그리스 여행

1 소동이 그친 뒤에, 바울은 제자들을 불러오게 해서, 그들을 격려한 뒤에, 작별 인사를 하고, 마케도니아로 떠나갔다. 2 바울은 그곳의 여러 지방을 거쳐 가면서, 여러 가지 말로 제자들을 격려하고, 그리스에 이르렀다. 3 거기서 그는 석 달을 지냈다. 바울은 배로 시리아로 가려고 하는데, 유대 사람들이 그를 해치려는 음모를 꾸몄으므로, 그는 마케도니아를 거쳐서 돌아가기로 작정하였다. 4 그때에 그와 동행한 사람은 부로의 아들로서, 베뢰아 사람 소바더와 데살로니가 사람 가운데서 아리스다고와 세군도와 더베 사람 가이오와 디모데, 그리고 아시아 사람 두기고와 드로비모였다. 5 이들이 먼저 가서, 드로아에서 우리를 기다리고 있었다. 6 우리는 무교절 뒤에 배를 타고 빌립보를 떠나, 닷새 만에 드로아에 이르러, 그들에게로 가서, 거기서 이레 동안을 지냈다.

계속해서 바울의 이야기가 나옵니다. 예수님이 키운 열두 제자들의 이야기는 왜 전면에서 사라진 건가요? 예루살렘과 주변 지역이 무대인 사도행전 전반부는 베드로를 위시한 열두 사도들이 주인공이고, 이방 선교를 다루는 후반부는 바울이 주인공입니다. 총체적 역사가 아니라, 복음이 '땅끝까지' 퍼져가는 이야기를 다루고 있으니 자연스러운 현상입니다(1:8 참고). 8장부터 사울의 핍박을 받은 유대인들이 유대 주변 지역으로 흩어지면서 복음이 비유대인에게 퍼져나가기 위한 준비 과정이 이루어지고, 12장에서 예루살렘과 유대 이야기가 마지막으로 등장한 이후, 13장부터는 본격적으로 이방인 선교와 관련된 이야기들이 등장합니다. 그리고 함께하던 바나바와 바울이 결별한 이후에 사도행전의 저자는 바울의 행보를 따라갑니다.

유두고를 살리다

7 ○ 주간의 첫날에, 우리는 빵을 떼려고 모였다. 바울은 그다음 날 떠나기로 되어 있어서 신도들에게 강론을 하는데, 강론이 밤이 깊도록 계속되었다. 8 우리가 모인 위층 방에는, 등불이 많이 켜져 있었다. 9 유두고라는 청년이 창문에 걸터앉아 있다가, 바울의 말이 오랫동안 계속되므로, 졸음을 이기지 못하고 몹시 졸다가 삼 층에서 떨어졌다. 사람들이 일으켜보니, 죽어 있었다. 10 바울이 내려가서, 그에게 엎드려, 끌어안고 말하기를 "소란을 피우지 마십시오. 아직 목숨이 붙어 있습니다" 하였다. 11 바울은 위층으로 올라가서, 빵을 떼어서 먹고 나서, 날이 새도록 오래 이야기하고 떠나갔다. 12 사람들은 그 살아난 청년을 집으로 데리고 갔다. 그래서 그들은 적지 않게 위로를 받았다.

드로아에서 밀레도까지의 항해

13 ○ 우리는 배에 먼저 가서, 배를 타고 앗소를 향하여 떠났다. 우리는 거기에서부터 바울을 배에 태울 작정이었다. 바울

사도행전 전반부는 3인칭 시점으로 서술하더니 어느 순간부터 '우리'라는 단어가 심심찮게 나옵니다. 여기서 우리는 누구를 말하는 건가요? '우리'라는 1인칭 복수 주어는 16장 10절에 처음 나타나 20장, 21장, 27-28장 등에 계속 등장합니다. 해당 부분에서 '우리'라는 복수 표현을 사용한 것은 저자 자신이 바울 일행에 속한 목격 자였거나 다른 목격자의 기록을 원 자료로 활용했기 때문일 수 있습니다. 그것도 아니면 그냥 수사적 효과를 위한 문학적 장치일 수도 있습니다. 사도행전의 저자에 대해 묻거나 사도행전의 역사적 신빙성을 따질 때는 이 복수 대명사가 흥미로운 사실이 되겠지만, 독자들이 사도행전의 내용을 이해하는 데는 큰 의미가 없습니다.

이 앗소까지 걸어가고자 했기 때문에 그렇게 정한 것이었다. 14 우리는 앗소에서 바울을 만나서 그를 배에 태우고 미둘레네로 갔다. 15 그리고 우리는 거기에서 떠나서, 이튿날 기오 맞은편에 이르고, 다음 날 사모에 들렀다가, 그다음 날 밀레도에 이르렀다. 16 이런 행로를 취한 것은, 바울이 아시아에서 시간을 허비하지 않으려고, 에베소에 들르지 않기로 작정하였기 때문이다. 그는 할 수 있는 대로, 오순절까지는 예루살렘에 도착하려고 서둘렀던 것이다.

바울이 에베소에서 고별 설교를 하다

17 ○ 바울이 밀레도에서 에베소로 사람을 보내어, 교회 장로들을 불렀다. 18 장로들이 오니, 바울이 그들에게 말하였다. "여러분은, 내가 아시아에 발을 들여놓은 첫날부터, 여러분과 함께 그 모든 시간을 어떻게 지내왔는지를 잘 아십니다. 19 나는 겸손과 많은 눈물로, 주님을 섬겼습니다. 그러는 가운데 나는 또, 유대 사람들의 음모로 내게 덮친 온갖 시련을 겪었습니다. 20 나는 또한 유익한 것이면 빼놓지 않고 여러분에게 전하

바울이 에베소 교회 장로들에게 한 이야기를 보면 그의 수고와 애정이 절절합니다. 그가 에베소 교회에 특별히 신경을 쓴 이유는 무엇인가요? 에베소에 남긴 고별 설교가 기록되었지만, 에베소에서만 그랬다고 생각할 필요는 없습니다. 고린도교회에 보낸 편지들은 그곳을 향한 바울의 마음이 애정과 고통으로 뒤엉켜 있음을 여실히 보여 줍니다. 상황마다 다르게 표현되지만, 다른 교회를 향한 그의 사랑 역시 크게 다르지 않았습니다. 물론 에베소에서 2년이 넘는 시간을 보낸 것을 보면, 그곳에 대한 관심이 깊었던 것은 사실입니다. 당시 에베소라는 지역이 가진 전략적 중요성 때문일 수도 있을 것입니다. 그러나 사실 다른 교회였어도 바울의 고별사는 비슷했을 것입니다.

고, 공중 앞에서나 각 집에서 여러분을 가르쳤습니다. 21 나는 유대 사람에게나 그리스 사람에게나 똑같이, 회개하고 하나님 께로 돌아올 것과 우리 주 예수를 믿을 것을, 엄숙히 증언하였 습니다. 22 보십시오. 이제 나는 성령에 매여서, 예루살렘으로 가는 길입니다. 거기서 무슨 일이 내게 닥칠지, 나는 모릅니 다. 23 다만 내가 아는 것은, 성령이 내게 일러주시는 것뿐인 데, 어느 도시에서든지, 투옥과 환난이 나를 기다리고 있다는 것입니다. 24 그러나 내가 나의 달려갈 길을 다 달리고, 주 예 수께 받은 사명, 곧 하나님의 은혜의 복음을 증언하는 일을 다 하기만 하면, 나는 내 목숨이 조금도 아깝지 않습니다.

25 ○ 나는 여러분 가운데로 들어가서, 그 나라를 선포하였습 니다. 그런데 이제 나는 여러분 모두가 내 얼굴을 다시는 보지 못하리라는 것을 알고 있습니다. 26 그러므로 나는 오늘 여러분 에게 엄숙하게 증언합니다. 여러분 가운데서 누가 구원을 받지 못하는 일이 있더라도, 내게는 아무런 책임이 없습니다. 27 그 것은, 내가 주저하지 않고 여러분들에게 하나님의 모든 경륜을 전해주었기 때문입니다. 28 여러분은 자기 자신을 잘 살피고 양 떼를 잘 보살피십시오. 성령이 여러분을 양 떼 가운데에 감독으

밀레도에 도착한 바울은 에베소 장로들을 불러 설교이자 권면의 말을 전합니다. 바울 이 이번 설교가 마지막이라고 생각한 이유는 무엇인가요? 본문에 몇 차례 나온 것처 럼, 바울은 예루살렘에서 투옥 혹은 순교의 가능성까지 예상합니다. 에베소 방문 직전 고린도에 있을 때 기록했던 신약성경 로마서에도 위험한 예루살렘 여행을 앞두고 독 자들에게 기도를 부탁하는 내용이 나옵니다(롬 15:30-33). 또 같은 로마서에 따르면, 다행히 예루살렘에서 무사히 임무를 마친다 해도 바울의 다음 선교 행선지는 제국의 심장부인 로마, 그리고 그 서쪽에 놓인 스페인이었습니다. 따라서 당시 바울의 입장에 서는 이번이 사실상 에베소 신자들과의 마지막 만남일 수밖에 없었을 것입니다.

로 세우셔서, 하나님께서 자기 아들의 피로 사신 교회를 돌보게 하셨습니다. 29 내가 떠난 뒤에, 사나운 이리들이 여러분 가운데로 들어와서, 양 떼를 마구 해하리라는 것을 나는 압니다. 30 바로 여러분 가운데서도, 제자들을 이탈시켜서 자기를 따르게 하려고, 어그러진 것을 말하는 사람들이 나타날 것입니다. 31 그러므로 여러분은 깨어 있어서, 내가 삼 년 동안 밤낮 쉬지 않고 각 사람을 눈물로 훈계하던 것을 기억하십시오. 32 나는 이제 하나님과 그의 은혜로운 말씀에 여러분을 맡깁니다. 하나님의 말씀은 여러분을 튼튼히 세울 수 있고, 거룩하게 된 모든 사람들 가운데서 여러분으로 하여금 유업을 차지하게 할 수 있습니다. 33 나는 누구의 은이나 금이나 옷을 탐낸 일이 없습니다. 34 여러분이 아는 대로, 나는 나와 내 일행에게 필요한 것을 내 손으로 일해서 마련하였습니다. 35 나는 모든 일에서 여러분에게 본을 보였습니다. 이렇게 힘써 일해서 약한 사람을 도와주는 것이 마땅합니다. 그리고 주 예수께서 친히 '주는 것이 받는 것보다 더 복이 있다' 하신 말씀을 반드시 명심해야 합니다." 36 바울은 말을 마치고 나서, 무릎을 꿇고 그들과 함께

양 떼, 사나운 이리들(28-29절). 이것은 무엇을 비유한 말이며, 그 의미는 무엇인가요? 목축은 고대사회에서도 주산업 중 하나였습니다. 그래서 양이나 목자, 그리고 양을 위협하는 늑대가 우화의 단골 소재가 되기도 하고, 다양한 상황을 묘사하는 비유로 자주 활용되었습니다. "주님은 나의 목자시니…"로 시작하는 시편 23편이 좋은 예입니다. 예수님께서는 양들을 위해 목숨까지 버리는 좋은 목자에 자신을 비유하셨습니다. 바울도 여기서 교회 신자들을 '양 떼'로, 그들을 해치려 드는 무리들을 '사나운 이리들'로 묘사합니다. 양과 늑대의 관계를 비유적 이미지로 활용해 현재 상황을 좀 더 실감 나게 느끼도록 하는 것입니다. 우리말 '목사'(Pastor)도 '목자'에서 나온 말입니다.

기도하였다. 37 그리고 모두 실컷 울고서, 바울의 목을 끌어안고, 입을 맞추었다. 38 그들을 가장 마음 아프게 한 것은, 다시는 자기의 얼굴을 볼 수 없으리라고 한 바울의 말이었다. 그들은 배 타는 곳까지 바울을 배웅하였다.

{ 제21장 }

바울의 예루살렘 여행

1 우리는 그들과 작별하고, 배를 타고 곧장 항해해서 고스에 도착하였다. 이튿날 로도에 들렀다가, 거기에서 바다라로 갔다. 2 우리는 페니키아로 가는 배를 만나서, 그것을 타고 떠났다. 3 키프로스 섬이 시야에 나타났을 때에, 우리는 그 섬을 왼쪽에 두고 시리아로 행선하여 두로에 닿았다. 그 배는 거기서 짐을 풀기로 되어 있었다. 4 우리는 두로에서 제자들을 찾아서 만나고, 거기서 이레를 머물렀다. 그런데 그들은 성령의 지시

바울은 죽기를 각오한 사람처럼 보입니다. 말씀을 전하는 일이 그렇게 중요하다면, 전략적으로 볼 때 죽지 않고 살아서 더 많이 일하는 것이 나은 거 아닌가요? 사람들이 이렇게 만류하는데도 예루살렘에 꼭 가야 하는 이유가 있나요? 예루살렘은 교회의 출발점이었고, 그런 의미에서 바울도 예루살렘을 자기 선교의 신학적 출발점으로 간주했습니다. 바울은 이방인들을 대상으로 선교하면서 예루살렘의 가난한 성도들을 위한 모금 운동을 지속적으로 추진해왔습니다. 이는 유대인과 이방인이 그리스도 안에서 하나임을 확인하는 연합의 상징이었고, 따라서 자신이 수행하는 이방인 선교만큼 중요한 의미가 있었습니다. 바울은 이 헌금을 예루살렘 신자들에게 전달하면서 자신의 이방 선교가 전체 교회 선교의 한 부분임을 확인한 후, 로마를 경유해 스페인에서 다음 단계의 선교를 수행하려 했습니다(롬 15:14-33).

를 받아서, 바울에게 예루살렘에 올라가지 말라고 간곡히 말하였다. 5 그러나 머물 날이 다 찼을 때에, 우리는 그곳을 떠나 여행길에 올랐다. 모든 제자가 그들의 아내와 아이들과 함께, 우리를 성 밖에까지 배웅하였다. 바닷가에서 우리는 무릎을 꿇고 기도를 하고, 6 서로 작별 인사를 나누었다. 그리고 우리는 배에 올랐고, 그들은 제각기 집으로 돌아갔다.

7 ○ 우리는 두로에서 출항하여, 항해를 끝마치고 돌레마이에 이르렀다. 거기서 우리는 신도들에게 인사하고, 그들과 함께 하루를 지냈다. 8 이튿날 우리는 그곳을 떠나서, 가이사랴에 이르렀다. 일곱 사람 가운데 한 사람인 전도자 빌립의 집에 들어가서, 그와 함께 머물게 되었다. 9 이 사람에게는 예언을 하는 처녀 딸이 넷 있었다. 10 우리가 여러 날 머물러 있는 동안에, 아가보라는 예언자가 유대에서 내려와, 11 우리에게 와서, 바울의 허리띠를 가져다가, 자기 손과 발을 묶고서 말하였다. "유대 사람이 예루살렘에서 이 허리띠 임자를 이와 같이 묶어서 이방 사람의 손에 넘겨줄 것이라고, 성령이 말씀하십니다." 12 이 말을 듣고, 그곳 사람들과 함께 우리는, 바울에게 예루

사람들은 성령의 지시를 받아 바울에게 예루살렘에 가지 말라고 하고(4, 12절), 바울은 성령에 매여 예루살렘에 간다고 합니다(20:22). 성령이 양쪽에 다른 말을 한 건가요? 우선 '성령의 지시를 받아서'라는 구절은 '성령을 통하여'라는 표현을 너무 강하게 번역했다고 할 수 있습니다. 두로(튀로스)에 있던 신자들은 바울이 예루살렘에 가면 당할 수 있는 위험을 '성령으로' 알게 되었고, 이에 근거해 바울을 만류했습니다. 매우 자연스러운 반응입니다. 바울 역시 그 위험을 이미 알고 있었지만, 그에게는 예루살렘에서 반드시 해야 할 일이 있었습니다. 그는 이 전부를 성령의 이끄심으로 이해합니다. 그래서 바울은 위험을 피하는 것이 자신의 선택일 수는 없다고 신자들을 설득하고, 결국 그들도 바울의 말에 승복합니다.

살렘으로 올라가지 말라고 간곡히 만류하였다. 13 그때에 바울이 대답하였다. "왜들 이렇게 울면서, 내 마음을 아프게 하십니까? 나는 주 예수의 이름을 위해서, 예루살렘에서 결박을 당할 것뿐만 아니라, 죽을 것까지도 각오하고 있습니다." 14 바울이 우리의 만류를 받아들이지 않으므로, 우리는 "주님의 뜻이 이루어지기를 빕니다" 하고는 더 말하지 않았다.

15 ○ 이렇게 거기서 며칠을 지낸 뒤에, 우리는 행장을 꾸려서 예루살렘으로 올라갔다. 16 가이사랴에 있는 제자 몇 사람도 우리와 함께 갔다. 그들은 우리가 묵어야 할 집으로 우리를 안내하여, 나손이라는 사람에게 데려다주었다. 그는 키프로스 사람으로 오래전에 제자가 된 사람이었다.

바울이 야고보를 방문하다

17 ○ 우리가 예루살렘에 이르니, 형제들이 우리를 반가이 맞아주었다. 18 이튿날 바울은 우리와 함께 야고보를 찾아갔는

바울 일행이 예루살렘에서 야고보와 장로들을 찾은 장면은 그간의 일을 보고하고 향후 대책을 수립하는 모습으로 보입니다. 복음을 전하는 사도들에게는 그렇게 상호 협력과 계획을 논하는 협의체가 있었나요? 바울은 이방인을 위한 사도로 부르심을 받았다고 믿었지만, 자신의 임무는 교회 전체가 수행하는 큰 선교의 한 부분이라 여겼습니다. 따라서 그는 이전에도 예루살렘 사도들을 방문해 자신이 선포하는 복음이 교회 전체의 복음과 근본적으로 동일하다는 사실을 분명히 하고자 했고, 이방 신자들이 예루살렘의 가난한 성도들을 돕도록 독려함으로써 교회의 하나 됨을 확인하고자 했습니다. 구체적인 조직은 아니지만, 교회 지도자들 사이에는 꽤 긴밀한 유대와 빈번한 소통이 있었던 것으로 볼 수 있습니다. 이 방문에서 바울은 이방 신자들의 성금을 전달하고 향후 로마 여행을 위한 준비를 하려고 했지만, 갑자기 체포되면서 그의 예상과는 다른 방향으로 일이 흘러가게 됩니다.

데, 장로들이 다 거기에 있었다. 19 바울은 그들에게 인사한 뒤에, 자기의 봉사 활동을 통하여 하나님께서 이방 사람 가운데서 행하신 일을 낱낱이 이야기하였다. 20 그들은 이 말을 듣고서, 하나님께 영광을 돌리고, 바울에게 말하였다. "형제여, 당신이 보는 대로, 유대 사람 가운데는 믿는 사람이 수만 명이나 되는데, 그들은 모두 율법에 열성적인 사람들입니다. 21 그런데 그들이 당신을 두고 하는 말을 소문으로 듣기로는, 당신이 이방 사람 가운데서 사는 모든 유대 사람에게 할례도 주지 말고 유대 사람의 풍속도 지키지 말라고 하면서, 모세를 배척하라고 가르친다는 것입니다. 22 그러니 어떻게 하면 좋겠습니까? 그들은 틀림없이 당신이 왔다는 소식을 들을 것입니다. 23 그러므로 당신은 우리가 말하는 대로 하십시오. 우리 가운데서 하나님 앞에 스스로 맹세한 사람이 넷 있습니다. 24 이 사람들을 데리고 가서, 함께 정결예식을 행하고, 그들이 머리를 깎게 하고, 그 비용을 대십시오. 그러면 사람들은 모두, 당신의 소문이 전혀 사실이 아니며, 도리어 당신이 율법을 지키

유대인들 사이에 퍼진 소문을 잠재우기 위한 일이 진행됩니다(23-24절). 여기에서 행해진 정결예식은 무엇이며, 왜 머리를 깎는 건가요? 복음을 전하면서 교회와 바울은 비유대인들이 할례 받고 유대교로 개종할 필요가 없다고 가르쳤습니다. 또 바울은 필요에 따라 비유대인들의 방식에 맞춰 살기도 했습니다. 그러나 보수적인 유대인들은 바울의 이런 '자유로운' 행보를 비판했고, 일부 신자들조차 그를 미심쩍게 여겼습니다. 바울이 유대인에게까지 할례나 유대 전통을 금하더라는 '가짜 뉴스'가 퍼지기도 했습니다. 야고보의 제안은 바울이 전통적 신앙을 간직한 경건한 유대인임을 보여주어 가짜 소문을 불식시키려는 움직임인데, 구약의 '나실인'(민 6장, 새번역 성경에서는 나실 사람으로 표현) 의식과 관련된 것으로 여겨집니다. 그리고 일전에 바울은 스스로 하나님께 서약한 것이 있어서 머리를 깎았습니다(행 18:18). 비유대인에게 강요하거나 고집을 부리지 않았을 뿐, 그는 늘 경건한 유대인으로 살았던 것입니다.

며 바로 살아가고 있다는 것을 알게 될 것입니다. 25 신도가 된 이방 사람들에게는, 우상의 제물과 피와 목매어 죽인 것과 음행을 삼가야 한다는 것을, 우리가 결정해서 써 보냈습니다." 26 그래서 바울은 그다음 날 그 네 사람을 데리고 가서, 함께 정결예식을 한 뒤에, 성전으로 들어갔다. 그리고 정결 기한이 차는 날짜와 각 사람을 위해서 예물을 바칠 날짜를 신고하였다.

바울이 체포되다

27 ○ 그 이레가 거의 끝나갈 무렵에, 아시아에서 온 유대 사람들이 성전에서 바울을 보고, 군중을 충동해서, 바울을 붙잡아놓고, 28 소리쳤다. "이스라엘 동포 여러분, 합세하여주십시오. 이 자는 어디에서나 우리 민족과 율법과 이곳을 거슬러서 사람들을 가르칩니다. 더욱이 이 자는 그리스 사람들을 성전에 데리고 들어와서, 이 거룩한 곳을 더럽혀놓았습니다." 29 이는 그들이 에베소 사람 드로비모가 바울과 함께 성내에 있는 것을 전에 보았으므로, 바울이 그를 성전에 데리고 들어왔으리라고 생각하였기 때문이다. 30 그래서 온 도시가 소란해지고, 백성들

유대 사람들은 바울을 극렬히 반대합니다. 가짜 뉴스에 휩쓸려 그런 것인가요, 아니면 정말 바울이 유대 사람들이 지키는 율법을 위반했기 때문인가요? 교회의 지도자 야고보처럼, 개인적으로는 바울 자신도 독실한 유대인으로 살았습니다. 물론 이방 선교에 대한 그의 입장은 분명 진보적이었습니다. 그러니 상당수 수구적 유대인들의 반대는 불가피했습니다. 이런 상황에서는 "바울이 율법을 무시하고, 심지어 다른 유대인들에게 할례도 못 하게 한다"는 식의 가짜 뉴스도 그만큼 쉽게 퍼집니다. 바울은 야고보의 조언에 따라 성전에서 자신의 유대적 경건함을 증명하려 했지만, 군중들은 오히려 바울이 성전을 더럽힌 것으로 오해해 그를 죽이려 했습니다.

이 몰려들어서 바울을 잡아 성전 바깥으로 끌어내니, 성전 문이 곧 닫혔다. 31 그들이 바울을 죽이려고 할 때에, 온 예루살렘이 소요에 휘말려 있다는 보고가 천부장에게 올라갔다. 32 그는 곧 병사들과 백부장들을 거느리고, 그 사람들에게로 달려갔다. 그들은 천부장과 군인들을 보고, 바울을 때리는 것을 멈추었다. 33 천부장이 가까이 가서, 바울을 체포하였다. 그리고 그는 부하들에게 쇠사슬 둘로 바울을 결박하라고 명령하고, 그가 어떤 사람이며, 또 무슨 일을 하였는지를 물었다. 34 그러나 무리 가운데서 사람들이 저마다 다른 소리를 질렀다. 천부장은 소란 때문에 사건의 진상을 알 수 없었으므로, 바울을 병영 안으로 끌고 가라고 명령하였다. 35 바울이 층계에 이르렀을 때에는 군중이 하도 난폭하게 굴었기 때문에, 군인들이 그를 둘러메고 가야 하였다. 36 큰 무리가 따라오면서 "그 자를 없애 버려라!" 하고 외쳤다.

바울이 스스로 변호하다

37 ○ 바울이 병영 안으로 끌려 들어갈 즈음에, 그는 천부장에

+천부장 : 로마 군대의 장교로서, 천인대장(千人代將)으로 옮기기도 한다. 글자 그대로 천 명의 군사를 거느린 장교를 말한다. 그 아래는 백 명의 병사를 거느린 백부장 혹은 백인대장이 있다. 요즘 병력으로 치면 연대장, 대대장과 비슷한 셈이다. 본문에서 바울을 체포한 천부장은 글라우디오 루시아로, 예루살렘 성전과 맞닿은 안토니아 요새에 주둔한 부대의 사령관이었다. 이후 그는 유대인 폭도로부터 바울을 격리해 보호했으며, 바울이 공정한 재판을 받을 수 있도록 유대 총독 벨릭스에게 보내기도 했다(23장).

게 "한 말씀 드려도 됩니까?" 하고 물었다. 천부장이 "당신은 그리스 말을 할 줄 아오? 38 그러면 당신은 얼마 전에 폭동을 일으키고 사천 명의 자객을 이끌고 광야로 나간 그 이집트 사람이 아니오?" 하고 반문하였다. 39 바울이 대답하였다. "나는 길리기아의 다소 출신의 유대 사람으로, 그 유명한 도시의 시민입니다. 저 사람들에게 내가 한마디 말을 하게 허락해주십시오." 40 천부장이 허락하니, 바울은 층계에 서서, 무리에게 손을 흔들어 조용하게 하였다. 잠잠해지자, 바울은 히브리 말로 연설을 하였다.

제22장

1 "동포 여러분, 내가 이제 여러분에게 드리는 해명을 잘 들어 주시기 바랍니다." 2 군중들은 바울이 히브리 말로 연설하는 것을 듣고, 더욱더 조용해졌다. 바울은 말을 이었다. 3 "나는 유대 사람입니다. 나는 길리기아의 다소에서 태어나서, 이 도시 예루살렘에서 자랐고, 가말리엘 선생의 문하에서 우리 조상의 율법의 엄격한 방식을 따라 교육을 받았습니다. 그래서 나는 오늘날 여러분 모두가 그러하신 것과 같이, 하나님께 열성적인 사람이었습니다. 4 나는 이 '도'를 따르는 사람들을 박해하여 죽이기까지 하였고, 남자든 여자든 가리지 않고 묶어서 감옥에 넣었습니다. 5 내 말이 사실임을 대제사장과 모든 장로가 증언하실 것입니다. 나는 그들에게서 다마스쿠스에 있는 동포들에게 보내는 공문을 받아서, 다마스쿠스로 길을 떠났습니다. 나는 거기에 있는 신도들까지 잡아서 예루살렘으로 끌어다가, 처벌을 받게 하려고 했던 것입니다."

당시 사회에서 히브리 말은 공용어가 아니었나요?(2절) 어떤 언어들이 쓰이고 있었나요? 유대인들은 본래 히브리어를 썼습니다. 그러나 기원전 6세기 바벨론에 정복된 후 유대인들은 당시 공용어인 아람어(Aramaic)를 배웠고, 이것이 '히브리인'들의 일상 언어가 됩니다. 그래서 여기 나오는 히브리 말은 히브리어가 아니라 히브리인들의 일상 언어, 곧 '아람어'입니다. 한편 기원전 알렉산더 대왕의 등장 후 지중해 전역에서는 헬라어가 널리 사용되었고, 본토 밖 유대인들 역시 마찬가지였습니다. 또 헬라어를 쓰며 살다 돌아온 유대인들도 많았는데, 6장에 나오는 '헬라파' 유대인들이 그런 사람들입니다. 물론 행정, 군사 등에는 로마제국의 언어인 라틴어가 사용되었습니다. 당시 예루살렘은 이 세 언어가 뒤엉킨 도시였습니다.

바울이 자기의 회개를 이야기하다 (행 9:1-19; 26:12-18)

6 ○ "가다가, 정오 때쯤에 다마스쿠스 가까이에 이르렀는데, 갑자기 하늘로부터 큰 빛이 나를 둘러 비추었습니다. 7 나는 땅바닥에 엎어졌는데 '사울아, 사울아, 네가 어찌하여 나를 핍박하느냐?' 하는 소리가 들려왔습니다. 8 그래서 내가 '주님, 누구십니까?' 하고 물었더니, 그는 나에게 대답하시기를 '나는 네가 핍박하는 나사렛 예수이다' 하셨습니다. 9 나와 함께 있는 사람들은, 그 빛은 보았으나, 내게 말씀하시는 분의 음성은 듣지 못하였습니다. 10 그때에 내가 '주님, 어떻게 하라 하십니까?' 하고 말하였더니, 주님께서 내게 말씀하셨습니다. '일어나서, 다마스쿠스로 가거라. 거기에는 네가 해야 할 모든 일을 누가 말해줄 것이다.' 11 나는 그 빛의 광채 때문에 눈이 멀어서, 함께 가던 사람들의 손에 이끌려 다마스쿠스로 갔습니다.

12 ○ 거기에 아나니아라는 사람이 있었습니다. 그는 율법을 따라 사는 경건한 사람으로, 거기에 사는 모든 유대 사람에게 칭찬을 받는 사람이었습니다. 13 그가 나를 찾아와 곁에 서서,

다마스쿠스(5절)는 당시에 중요한 도시였나요? 거기 있는 신도들을 잡아서 예루살렘으로 끌어다 처벌할 정도로 예루살렘과 가까운 거리였나요? 앞서 이야기했듯 다마스쿠스는 고대로부터 대상들의 거점으로 잘 알려진 상업 중심지입니다. 큰 도시였던 만큼 유대인들도 많이 살고 있었고, 그들 가운데는 예수님을 믿는 신자들 역시 적지 않았습니다. 예루살렘과는 약 300km쯤 떨어진 곳이라, 부지런히 걸어도 여러 날이 걸렸을 거리입니다. 쉽지 않은 왕복 여정이지만, 교회를 없애야 한다는 사울의 지독한 열정은 그만큼 강했습니다. 회당에 속한 유대인이라면 예루살렘 대제사장의 영향권 아래 있었을 것이며, 그래서 사울은 그의 재가를 얻어 예수님을 믿는 유대인들을 잡아오려 했던 것입니다.

'형제 사울이여, 눈을 뜨시오' 하고 나에게 말하였습니다. 그 순간에 나는 시력을 회복하여, 그를 쳐다보았습니다. 14 그때에 아나니아가 내게 말하였습니다. '우리 조상의 하나님께서 당신을 택하셔서, 자기의 뜻을 알게 하시고, 그 의로우신 분을 보게 하시고, 그분의 입에서 나오는 음성을 듣게 하셨습니다. 15 당신은 그분을 위하여 모든 사람에게 당신이 보고 들은 것을 증언하는 증인이 될 것입니다. 16 그러니 이제 망설일 까닭이 어디 있습니까? 일어나, 주님의 이름을 불러서, 세례를 받고, 당신의 죄 씻음을 받으시오.'"

바울이 이방 사람의 사도가 된 경위

17 ○ "그 뒤에 내가 예루살렘으로 돌아와서, 성전에서 기도하는 가운데 황홀경에 빠져 18 주님이 내게 말씀하시는 것을 보았습니다. 그는 말씀하시기를 '서둘러서 예루살렘을 떠나라. 예루살렘 사람들이 나에 관한 네 증언을 받아들이지 않을 것이기 때문이다' 하셨습니다. 19 그래서 내가 말하였습니다. '주님,

바울의 회개 이야기를 보면 환상을 체험한 후 예수님에게로 돌아선 것처럼 보입니다. 환상은 너무 주관적인 것인데도, 그 시절 사람들은 왜 의심하지 않았나요? 이런 환상은 지어낸 이야기일 수도 있잖아요. 바울이 다마스쿠스에서 경험한 환상은 사도행전에만 세 번에 걸쳐 기록되어 있습니다. 그만큼 결정적인 사건이라는 뜻입니다. 신자들에게 보낸 다른 편지에서도 바울은 '주를 보았던' 이야기, 혹은 '하나님이 그의 아들을 내 속에 나타내신' 사건을 매우 중요하게 언급합니다. 바울의 입장에서 이는 환상이 아니라 실제적인 만남이었습니다. 바울의 사고와 삶의 근간을 뒤흔든, 소위 '묵시적' 체험이었던 것입니다. 또 고대인의 문학에서 환상은 '거짓'보다는 '신의 계시'라는 의미가 더 지배적입니다. 물론 환상 그 자체로 모두 사실이 되는 것은 아닙니다.

내가 주님을 믿는 사람들을 가는 곳마다 회당에서 잡아 가두고 때리고 하던 사실을 사람들이 잘 알고 있습니다. 20 그리고 주님의 증언자인 스데반이 피를 흘리고 죽임을 당할 때에, 나도 곁에 서서, 그 일에 찬동하면서, 그를 죽이는 사람들의 옷을 지키고 있었습니다.' 21 그때에 주님께서 말씀하시기를 '가라. 내가 너를 멀리 이방 사람들에게로 보내겠다' 하셨습니다."

바울이 로마 시민권의 소유자임을 알리다

22 ○ 사람들이 바울의 말을 여기까지 듣고 있다가 "이런 자는 없애버려라. 살려두면 안 된다" 하고 소리를 질렀다. 23 그리고 그들은 고함을 치며, 옷을 벗어 던지며, 공중에 먼지를 날렸다. 24 그때에 천부장이 바울을 병영 안으로 끌어들이라고 명령하였다. 그리고 그는 유대 사람들이 바울에게 이렇게 소리를 지르는 이유를 알아내려고, 바울을 채찍질하면서 캐물어 보라고 하였다. 25 그들이 채찍질을 하려고 바울을 눕혔을 때에, 바울은 거기에 서 있는 백부장에게 "로마 시민을 유죄판결도 내

유대인들에게 옷은 특별한 의미가 있나요? 바울의 말을 들은 사람들의 행동에 "옷을 벗어 던지며"(23절)라는 표현이 있는 걸 보니 궁금합니다. 옷은 거의 모든 문화에서 다양한 사회적 의미를 전달하지만, 구체적 전달 방식은 문화마다 달라집니다. 옷을 찢는 것과 비슷하게(14:14), 옷을 벗어 던지는 비정상적인 행동 또한 상황에 대해 느끼는 격렬한 경악을 표현합니다. 부활하신 예수님께서 자신을 이방인의 선교사로 보내셨다는 바울의 말은 대다수 유대인들에게 신성모독에 가까웠습니다. 십자가에서 저주의 죽음을 당한 예수님을 하나님께서 살리셨다는 말도 그렇고, 유대인의 하나님께서 바울을 이방인을 위해 보내셨다는 말도 유대인들은 받아들이기 어려웠을 겁니다.

리지 않고 매질하는 법이 어디에 있소?" 하고 말하였다. 26 백부장이 이 말을 듣고, 천부장에게로 가서 "어떻게 하시렵니까? 이 사람은 로마 시민입니다" 하고 알렸다. 27 그러자 천부장이 바울에게로 와서 "내게 말하시오. 당신이 로마 시민이오?" 하고 물었다. 바울이 그렇다고 대답하니, 28 천부장은 "나는 돈을 많이 들여서 이 시민권을 얻었소" 하고 말하였다. 바울은 "나는 나면서부터입니다" 하고 말하였다. 29 그러자 바울을 신문하려고 하던 사람들이 곧 물러갔다. 천부장도 바울이 로마 시민이라는 사실을 알고는, 그를 결박해놓은 일로 두려워하였다.

바울이 의회 앞에서 해명하다

30 ○ 이튿날 천부장은 무슨 일로 유대 사람이 바울을 고소하는지, 그 진상을 알아보려고 하였다. 그래서 그는 바울의 결박을 풀어주고, 명령을 내려서, 대제사장들과 온 의회를 모이게 하였다. 그리고 그는 바울을 데리고 내려가서, 그들 앞에 세웠다.

바울이 이 상황에서 로마 시민권자라고 밝힌 것(25절)은 의도적인 행위였나요? 로마 시민권은 특별한 지위와 권리를 의미했습니다. 인종과 상관없이, 그 사람이 자유인인지 노예인지, 시민인지 아닌지가 매우 중요한 사회였기 때문입니다. 특별히 돈으로 산 것이 아니라 출생에 의해 갖게 된 시민권이라면 더욱 그렇습니다. 천부장의 반응이 이를 잘 보여줍니다. 로마 시민에게는 법적으로 보장된 권리가 있었고, 이는 피정복 지역에서도 부당한 대우를 받지 않도록 해주는 보호 장치로 기능했습니다. 고린도 지역의 갈리오 총독(행 18:14~17)이 그랬던 것처럼, 지방 총독이나 관리들이 함부로 행동하는 경우도 많았기 때문입니다. 비록 총독의 관할 아래 있는 죄수 신분임에도 바울이 마냥 억울한 상황으로 내몰리지 않은 이유는 그의 시민권 때문이기도 합니다.

{ 제23장 }

1 바울이 의회원들을 주목하고 말하였다. "동포 여러분, 나는 이 날까지 하나님 앞에서 오로지 바른 양심을 가지고 살아왔습니다." 2 이 말을 듣고, 대제사장 아나니아가 곁에 서 있는 사람들에게 바울의 입을 치라고 명령하였다. 3 그러자 바울이 그에게 말하였다. "회칠한 벽이여, 하나님께서 당신을 치실 것이오. 당신이 율법대로 나를 재판한다고 거기에 앉아 있으면서, 도리어 율법을 거슬러서, 나를 치라고 명령하시오?" 4 곁에 서 있는 사람들이 말하였다. "그대가 하나님의 대제사장을 모욕하오?" 5 바울이 말하였다. "동포 여러분, 나는 그가 대제사장인 줄 몰랐소. 성경에 기록하기를 '너의 백성의 지도자를 욕하지 말아라' 하였소."

6 ○ 그런데 바울이 그들의 한 부분은 사두개파 사람이요, 한 부분은 바리새파 사람인 것을 알고서, 의회에서 큰 소리로 말하였다. "동포 여러분, 나는 바리새파 사람이요, 바리새파 사람의 아들입니다. 나는 지금, 죽은 사람들이 부활할 것이라는 소망

당시 사회에서 대제사장이란 존재는 어떤 위치에서 어떤 역할을 하는 사람인가요? 예루살렘을 중심으로 한 유대 지역은 로마 총독의 통치를 받았지만, 내치와 관련된 영역에서는 상당 부분 자치가 허용되었습니다. 자치의 최고 기관은 (로마의 원로원과 유사한) 산헤드린이라는 '공의회'이고, 산헤드린의 수장이 대제사장입니다. 대제사장의 임면은 로마의 재가가 있어야 했지만, 대제사장은 '토착 자치 귀족'으로서 내부적으로는 막강한 영향력을 행사했습니다. 특히 종교적으로 강하게 결속된 이스라엘에서는 대제사장의 영향력이 막강할 수밖에 없습니다. 대중의 민심에 민감할 수밖에 없는 로마 총독으로서도 무시할 수 없는 존재였던 것입니다. 유대인의 환심을 사려고 애를 쓰는 벨릭스나 베스도 총독들(24:27; 25:9)의 태도가 이를 잘 보여줍니다.

때문에 재판을 받고 있습니다." 7 바울이 이렇게 말하니, 바리새파 사람과 사두개파 사람 사이에 다툼이 생겨서, 회중이 나뉘었다. 8 사두개파 사람은 부활도 천사도 영도 없다고 하는데, 바리새파 사람은 그것을 다 인정하기 때문이다. 9 그래서 큰 소동이 일어났다. 바리새파 사람 편에서 율법학자 몇 사람이 일어나서, 바울 편을 들어서 말하였다. "우리는 이 사람에게서 조금도 잘못을 찾을 수 없습니다. 만일 영이나 천사가 그에게 말하여주었으면, 어찌하겠습니까?" 10 싸움이 커지니, 천부장은, 바울이 그들에게 찢길까 염려하여, 군인더러 내려가서 바울을 그들 가운데서 빼내어, 병영 안으로 데려가라고 명령하였다.

11 ○ 그날 밤에 주님께서 바울 곁에 서서 말씀하셨다. "용기를 내어라. 네가 예루살렘에서 나의 일을 증언한 것과 같이, 로마에서도 증언하여야 한다."

바울을 죽이려는 음모

12 ○ 날이 새니, 유대 사람들이 모의하여, 바울을 죽이기 전에는 먹지도 마시지도 않겠다고 맹세하였다. 13 이 모의에 가담

바리새파와 사두개파는 어떤 종교적 특징을 가진 집단인가요? 사두개파는 성전을 중심으로 정치적 권력을 소유한 제사장 중심의 집단이고, 바리새파는 율법적 엄격함을 주장했던 일종의 평신도 운동에 가깝지만 대중들에게 상당한 종교적 영향력을 가진 집단이었습니다. 두 그룹은 신학적으로도 꽤 달랐습니다. 사두개파는 구약성경 가운데 모세오경만을 믿었고, 바리새파가 믿었던 신의 섭리, 자유 의지, 천사, 부활 등의 가르침은 페르시아에서 온 이교 사상으로 배격했습니다. 사도행전은 바울이 두 집단의 이런 신학적 차이와 경쟁 관계를 이용해 당면한 위기를 모면하는 장면을 기록합니다.

한 사람은 마흔 명이 넘었다. 14 그들이 대제사장들과 장로들에게로 가서 말하였다. "우리는 바울을 죽이기 전에는 아무것도 입에 대지 않기로 굳게 맹세하였습니다. 15 그러니 이제 여러분은 의회와 짜고서, 바울에 관한 일을 좀 더 정확하게 알아보려는 척하면서, 천부장에게 청원하여, 바울을 여러분 앞에 끌어내어 오게 하십시오. 우리는 그가 이곳에 이르기 전에 그를 죽여버릴 준비를 다 해놓았습니다." 16 그런데 바울의 누이의 아들이 이 음모를 듣고, 서둘러 가서, 병영으로 들어가, 바울에게 그 사실을 일러주었다. 17 그래서 바울은 백부장 가운데 한 사람을 불러놓고 말하였다. "이 청년을 천부장에게 인도해주십시오. 그에게 전할 말이 있습니다." 18 백부장이 그를 데리고 천부장에게로 가서 말하였다. "죄수 바울이 나를 불러서, 이 청년이 대장님께 드릴 말씀이 있다고 하면서, 데려다 달라고 부탁해서 데려왔습니다." 19 천부장이 청년의 손을 잡고, 아무도 없는 데로 데리고 가서 물어보았다. "내게 전할 말이 무엇이냐?" 20 그가 대답하였다. "유대 사람들이 바울에 관해서 좀 더 정확하게 캐물어 보려는 척하면서, 내일 그를 의회로 끌어내

바울을 죽이겠다고 모인 40명(13절)은 극렬 테러리스트들처럼 보입니다. 그들이 바울을 절대 봐줄 수 없다고 생각한 이유는 무엇인가요? 예수님을 만나기 전, 바울이 가졌던 생각과 거의 같다고 할 수 있습니다. 교회가 유대교의 순수한 정체성을 훼손한다고 생각하는 유대인들로서는 바울과 같은 이들을 없애는 것이 하나님의 백성으로서 순수함을 유지하는 가장 중요한 임무 중 하나이기 때문입니다. 칼을 써서라도 민족적, 신앙적 순수함을 지켜야 한다고 주장한 유대인들이 적지 않았습니다. 로마제국의 권력처럼 거대한 적과 싸우는 것이 불가능한 상황에서는 내부 변절자에 대한 공격이 현실적인 대안이 되기 쉽습니다. 그러나 머지않은 시점에 로마에 대항한 대규모 반란이 일어나 유대인들은 더 철저한 압제 아래 놓이게 됩니다.

어 오게 해달라고 대장님께 청하기로 뜻을 모았습니다. 21 그러니 대장님은 그들의 말에 넘어가지 마십시오. 바울을 죽이기전에는 먹지도 마시지도 않겠다고 맹세한 사람이, 마흔 명 남짓 매복하여 바울을 기다리고 있습니다. 그들은 지금 준비를 다 하고, 대장님에게서 승낙이 내리기만을 기다리고 있습니다." 22 천부장은 그 청년에게 "이 정보를 내게 제공하였다는 말을 아무에게도 하지 말아라" 하고 당부한 뒤에, 그를 돌려보냈다.

바울을 벨릭스 총독에게 호송하다

23 ○ 천부장이 백부장 두 사람을 불러서 명령하였다. "오늘 밤 아홉 시에 가이사랴로 출발할 수 있도록, 보병 이백 명과 기병 칠십 명과 창병 이백 명을 준비하여라. 24 또 바울을 벨릭스 총독에게로 무사히 호송할 수 있도록, 그를 태울 짐승도 마련하여라." 25 그리고 천부장은 이렇게 편지를 썼다. 26 "글라우디오 루시아는 삼가 총독 벨릭스 각하께 문안드립니다. 27 이 사람은 유대 사람들에게 붙잡혀서, 죽임을 당할 뻔하였

23절을 보면 천부장은 바울을 총독에게 호송하는 데 무려 470명이나 되는 군인을 동원합니다. 바울은 그 정도로 요주의 인물이었나요? 천부장은 유대인들이 매복 작전을 계획했다는 사실을 알고 있습니다. 대의를 위한 결속이 쉬운 유대인들이라면 비교적 큰 규모의 작전일 가능성도 배제할 수 없습니다. 더욱이 바울은 로마 시민권을 가진 사람입니다. 자신의 관할 아래 있던 로마 시민이 제대로 재판을 받기도 전에 변을 당하면 천부장인 자신도 책임을 면할 수 없습니다. 그래서 사실상 호송 중 죄수를 탈취당하는 일이 없도록 엄중한 조치를 했고, 안전한 지역에 가까이 와서야 병력의 수를 줄일 만큼 신중했습니다. 바울이 요주의 인물이어서라기보다는 유대인이 로마 시민을 불법적으로 살해하려 하는 상황을 방지하기 위한 조치였습니다.

습니다. 그런데 나는 그가 로마 시민인 것을 알고, 군대를 거느리고 가서 그를 구해냈습니다. 28 유대 사람들이 무슨 일로 그를 고소하는지를 알아보려고, 나는 그들의 의회로 그를 데리고 갔습니다. 29 나는 그가 유대 사람의 율법 문제로 고소를 당하였을 뿐이며, 사형을 당하거나 갇힐 만한 아무런 죄가 없다는 것을 알았습니다. 30 그런데 이 사람을 해하려고 하는 음모가 있다는 정보를 듣고서, 나는 당장에 그를 총독님께로 보내는 바입니다. 그리고 그를 고발하는 사람들에게도, 그에 대한 [일을] 각하 앞에 제소하라고 지시하여두었습니다."

31 ㅇ 군인들은 명령을 받은 대로 바울을 넘겨받아서, 밤에 안디바드리로 데려갔다. 32 그리고 이튿날, 기병들에게 그를 호송하게 맡기고, 그들은 병영으로 돌아왔다. 33 기병들이 가이사랴에 이르러서, 그 편지를 총독에게 전달하고, 바울도 그 앞에 데려다가 세웠다. 34 총독은 그 편지를 읽고 나서, 바울에게 어느 지방 출신인가를 물어보았다. 총독은, 바울이 길리기아 출신인 것을 알고 35 "그대를 고소하는 사람들이 도착하면, 그대의 말을 들어보겠네" 하고 말한 뒤에, 그를 헤롯 궁에 가두고 지키라고 명령하였다.

바울을 적대시하는 사람들이 있는가 하면, 그를 무시할 수만은 없는 사람들도 있습니다. 바울의 문제를 쉽사리 처리하지 못한 이유는 무엇인가요? 사도행전에 따르면 바울은 로마 시민이었으므로 로마 시민으로서 권리를 가지고 있었습니다. 그래서 로마의 총독은 유대인들의 모함에도 불구하고 그를 함부로 다룰 수 없었습니다. 물론 총독부가 있던 가이사랴에서 2년 남짓 구금 생활을 한 뒤에는 바울도 상황이 점점 불리해지는 것을 직감하면서, 총독의 공정성에 대한 신뢰를 상실합니다. 그래서 바울은 로마 시민으로서 권리를 행사해 로마 황제에게 직접 재판을 받겠다고 주장합니다. 물론 총독은 타당한 이유가 없는 한, 이 요구를 거절하지 못합니다.

{ 제24장 }

바울을 고소하다

1 닷새 뒤에, 대제사장 아나니아가 몇몇 장로와 더둘로라는 변호사와 함께 내려와서, 총독에게 바울을 고소하였다. 2 바울을 불러내니, 더둘로가 고발하여 말하였다. "벨릭스 총독님, 우리는 총독님의 덕분으로 크게 평안을 누리고 있습니다. 그리고 각하의 선견지명의 덕택으로, 이 나라에서는 개혁을 많이 이룰 수 있었습니다. 3 우리는 어떤 면으로나, 또 어디에서나, 이것을 인정하며, 감사하여 마지않습니다. 4 나는 총독님을 오래 방해하지 않겠으니, 너그러우신 마음으로 우리의 고발을 잠깐 들어주시기 바랍니다. 5 우리가 본 바로는, 이 자는 염병 같은 자요, 온 세계에 있는 모든 유대 사람에게 소란을 일으키는 자요, 나사렛 도당의 우두머리입니다. 6 그가 성전까지도 더럽히려고 하므로, 우리는 그를 붙잡았습니다. (6절 하반부터 8절 상반까지 없음) 8 총독님께서 친히 그를 신문하여보시면, 우리가 그를

고소와 고발, 변호사와 변명 등 법적인 절차들이 정상적으로 가동되는 것 같아 보입니다. 당시 이스라엘의 정치 상황은 안정적이었나요? 70년 무렵 반란이 일어나기 전까지는 비교적 평온한 일상이 지속되었다고 할 수 있습니다. 로마는 군사력을 앞세워 다른 지역을 정복하고 착취했지만, 식민지에 대해서는 저항하지 않는 한 최대한 유화적 몸짓을 보였습니다. 총독 입장에서도 불필요한 혼란이나 민원은 가장 조심해야 할 악재에 속했습니다. 그래서 재판 절차 역시 적어도 형식적으로는 매우 잘 정비된 것으로 보입니다. 물론 고발하는 측에서는 바울을 사회적, 정치적 혼란의 조성자로 만들어야 했고, 로마 시민이 관계된 사안인 만큼 총독으로선 확실한 증거와 더불어 지역 민심의 향배도 살펴야 했습니다.

고발하는 이유를 다 아시게 될 것입니다." 9 그러자 유대 사람도 이에 합세해서, 그의 말이 모두 사실이라고 주장하였다.

바울이 변명하다

10 ○ 그때에 총독이 바울에게 말하라고 머리를 끄덕이니, 바울이 대답하였다. "총독님께서 여러 해 동안 이 나라의 재판장으로 계신 것을, 내가 알고 있습니다. 그러므로 나는 기쁜 마음으로 내가 한 일을 변호하겠습니다. 11 내가 예루살렘에 예배하러 올라간 지 열이틀밖에 되지 않았다는 것은, 총독님께서도 곧 아실 수 있습니다. 12 그리고 나를 고발한 사람들은 내가, 성전에서나 회당에서나 성내에서, 누구와 논쟁을 하거나, 군중을 선동해서 모으거나, 하는 것을 보지 못하였습니다. 13 지금 그들은 내가 한 일을 들어서 고발하고 있지만, 총독님께 아무 증거도 제시할 수 없습니다. 14 그러나 나는 총독님께 이 사실을 고백합니다. 그것은 내가, 그들이 이단이라고 하는 그 '도'를 따라 우리 조상의 하나님을 섬기고, 율법과 예언서에 기록되어 있는 모든 것을 믿는다는 사실입니다. 15 그리고 나는 하나님

바울은 이단 취급을 받은 건가요?(14절) 당시 이스라엘에서도 이단들이 종종 출현했나요? 여기 사용된 단어(하이레시스, hairesis)는 이단을 뜻하는 영어 heresy의 어원이지만, 교리적 '이단'이라는 의미는 후대의 산물이고, 당시에는 자기 나름의 입장을 내세우는 '분파' 정도의 의미였습니다. 사도행전에서는 바리새'파'나 사두개'파'를 부를 때도 이 단어를 사용합니다. 14절에서는 부정적 평가가 담긴 '파당'의 의미로 사용되었지만, 교리적 이단과는 여전히 거리가 있습니다. 민족적 정체성과 신앙이 하나로 어우러진 유대교 내에는 바리새파나 사두개파처럼 다양한 신학적 입장들이 공존했습니다.

께 소망을 두고 있는데, 나를 고발하는 이 사람들도 그 소망이 이루어지기를 고대하고 있습니다. 곧 그것은 의로운 사람들과 불의한 사람들의 부활이 장차 있으리라는 것입니다. 16 그러므로 나도 언제나 하나님과 사람들 앞에서 거리낌 없는 양심을 가지려고 힘쓰고 있습니다. 17 나는, 내 겨레에게 구제금을 전달하고, 하나님께 제물을 바치려고, 여러 해 만에 고국에 돌아왔습니다. 18 그들은, 내가 제물을 바치는 절차로 성전에서 정결예식을 행하는 것을 보았을 뿐이고, 내가 작당을 하거나 소동을 일으키는 것을 보지 못하였습니다. 19 그 자리에는 아시아에서 온 몇몇 유대 사람이 있었는데, 내가 한 일을 들어 고발할 것이 있으면, 그 사람들이 총독님 앞에 나타나서 고발했어야 마땅할 것입니다. 20 그렇지 않으면, 내가 의회 앞에 끌려가서 섰을 때에, 이 사람들이 내게서 무슨 잘못을 찾아냈는지, 그것을 말하라고 해보십시오. 21 다만 나는 그들 가운데 서서 말하기를 '오늘 내가 여러분에게 재판을 받고 있는 것은, 죽은 사람들의 부활과 관련된 문제 때문입니다' 하는 이 한마디 말을 부르짖었을 뿐입니다."

22 ○ 벨릭스는 그 '도'와 관련된 일을 자세히 알고 있었으므

바울이 하는 말은 마치 지금까지 했던 자신의 말을 부정하고 핵심 문제는 부활에 관한 것뿐이라고 변명하는 것처럼 보입니다. 바울의 진심은 무엇인가요? 그때그때 상황에 맞춰 가장 필요한 말을 했겠지요. 실제 바울이 전한 예수의 복음에서 부활은 그야말로 중심 자리를 차지합니다. 십자가와 더불어 부활은 구원의 핵심이자 완성입니다. 그리고 예수님의 부활은 신자들의 부활을 위한 토대가 됩니다. 바울은 하나님의 백성으로서 유대인이 가진 오랜 열망이 부활에 대한 소망으로 수렴된다고 보고, 이 부활의 소망이 예수의 복음 안에서 성취된다고 주장합니다. 유대인 청중들을 대상으로, 유대인의 전통적 신앙의 언어로 예수 복음의 의미를 풀어내는 장면입니다.

로, "천부장 루시아가 내려오거든, 당신들의 소송을 처리하겠소" 하고 말하고서, 신문을 연기하였다. 23 그리고 백부장에게 명령하여, 바울을 지키되, 그에게 자유를 주고, 그의 친지들이 돌보아주는 것을 막지 말라고 하였다.

바울이 감옥에 갇혀 지내다

24 ○ 며칠 뒤에 벨릭스가 유대 여자인 자기 아내 드루실라와 함께 와서, 바울을 불러내어, 그리스도 예수를 믿는 믿음에 관하여 바울이 설명하는 것을 들었다. 25 바울이 정의와 절제와 장차 올 심판에 관해서 말할 때에, 벨릭스는 두려워서 "이제 그만하면 되었으니, 가시오. 기회가 있으면, 다시 당신을 부르겠소" 하고 말하였다. 26 동시에 그는 바울에게서 돈을 받을까 하고 은근히 바랐다. 그래서 그는 바울을 자주 불러내어 이야기를 나누었다.

27 ○ 두 해가 지난 뒤에, 보르기오 베스도가 벨릭스의 후임으로 직책을 맡게 되었다. 그런데 벨릭스는 유대 사람의 환심을 사고자 하여, 바울을 가두어둔 채로 내버려두었다.

벨릭스는 바울에게 많은 호의를 베풀고 따로 만나 바울이 전하는 도를 듣기도 했습니다. 정말 벨릭스는 바울에게 관심이 있었나요? 많은 사람이 그렇듯, 벨릭스에게서도 여러 모습이 '동시에'(26절) 보입니다. 실제 그는 바울의 메시지에 진지한 관심을 보이기도 하고, 심판이나 정의와 같은 단호한 유대적인 메시지에는 큰 부담을 느끼기도 합니다. 어쩌면 헤롯 아그립바 1세의 막내딸이었던 유대인 아내 드루실라의 영향이 있었을지도 모릅니다. 반면 은근히 뇌물을 기대하며 바울을 오라 가라 하는가 하면, 유대인들의 환심을 사기 위해 머리를 굴리는 부패 관료의 전형적 면모를 보이기도 합니다. 상반되어 보이는 두 모습의 묘한 결합은 역설적이면서도 친숙한 그림입니다.

{ 제25장 }

바울이 황제에게 상소하다

1 베스도가 부임한 지 사흘 뒤에, 가이사랴에서 예루살렘으로 올라가니, 2 대제사장들과 유대 사람의 지도자들이 그에게 바울을 고발하였다. 그들은 그에게 줄곧 졸랐다. 3 그들은 그에게 제발 바울을 예루살렘으로 불러올리라고 간청하였다. 그들은 길에 사람을 매복시켰다가, 바울을 죽일 계획이었다. 4 그러나 베스도는, 바울이 가이사랴에 무사하게 감금되어 있다는 말과 자기도 곧 그리로 가겠다는 말을 한 다음에, 5 "그러니 만일 그 사람에게 무슨 잘못이 있거든, 여러분 가운데서 유력한 사람들이 나와 함께 내려가서, 그를 고발하시오" 하고 말하였다.

6 ○ 베스도는 예루살렘에서 여드레인가 열흘인가를 지낸 뒤에, 가이사랴로 내려가서, 이튿날 재판석에 앉아서, 바울을 데려오라고 명령하였다. 7 바울이 나타나자, 예루살렘에서 내려

대제사장과 유대 지도자들은 왜 극구 바울을 예루살렘으로 데려가려 했나요? 본문 3절에서 밝힌 것처럼, 그들은 호송하는 길에 매복했다가 바울을 살해하려는 계획을 세웠습니다. 베스도는 부임한 지 갓 사흘 된 신임 총독이라 상황을 온전히 파악하지 못했을 수 있고, 따라서 그들은 자신들의 요청이 좀 더 쉽게 먹힐 것으로 기대했을 것입니다. 그러나 총독은 그들의 요청을 거부합니다. 바울이 로마 시민이어서 마냥 함부로 대할 수 없었을 것입니다. 하지만 결국 그는 유대인의 환심을 사기 위해 바울더러 예루살렘에서 재판을 받도록 회유합니다(9절). 그러나 예루살렘에서의 재판은 사실상 자신을 유대인의 손에 넘겨주는 것이라는 사실을 알았던 바울은 마지막 수단으로 로마 황제의 법정에 서겠다고 요구합니다. 로마 시민의 권리를 활용한 것입니다.

온 유대 사람들이 그를 에워싸고, 여러 가지 무거운 죄목을 걸어서 고발하였으나, 증거를 대지 못하였다. 8 바울은 "나는 유대 사람의 율법이나 성전이나 황제에 대하여 아무 죄도 지은 일이 없습니다" 하고 말하여 자신을 변호하였다. 9 그러나 베스도는 유대 사람의 환심을 사고자 하여, 바울에게 묻기를 "그대는 예루살렘으로 올라가서, 이 사건에 대하여 내 앞에서 재판을 받고 싶지 않소?" 하였다. 10 바울이 대답하였다. "나는 지금 황제의 법정에 서 있습니다. 나는 여기서 재판을 받아야 합니다. 각하께서도 잘 아시는 대로, 나는 유대 사람에게 조금도 잘못한 것이 없습니다. 11 만일 내가 나쁜 짓을 저질러서, 사형을 받을 만한 무슨 일을 하였으면, 죽는 것을 마다하지 않겠습니다. 그러나 나를 고발하는 이 사람들의 고발 내용에 아무런 근거가 없으면, 어느 누구도 나를 그들에게 넘겨줄 수 없습니다. 나는 황제에게 상소합니다." 12 그때에 베스도가 배심원들과 협의하고 "그대가 황제에게 상소하였으니, 황제에게로 갈 것이오" 하고 말하였다.

총독 베스도는 바울을 처리하는 문제를 왜 황제에게 미루었나요? 총독의 재판을 불신하게 된 바울은 로마 시민으로서 권리를 행사해 로마 황제에게 직접 상소하고, 마땅히 거절할 사유가 없었던 총독은 이를 허락합니다. 베스도는 예루살렘에서의 재판을 제안했지만, 바울은 그것이 유대인의 환심을 사기 위한 조치임을 간파했습니다. 당시 황제는 주후 64-65년에 벌어진 기독교 박해의 주인공 네로입니다(54-68년 재위). 그러나 주후 60년 무렵이었던 이 당시에는 네로 황제도 세네카, 부루스 등의 보좌를 받아 꽤 차분한 통치를 펼쳤습니다. 물론 바울의 상소는 로마의 사법제도에 대한 신뢰보다는 총독에 대한 불신이 더 큰 동기였고, 어쨌든 로마로 가야 한다는 선교적 열망 역시 작용했을 것입니다.

바울이 아그립바 왕과 버니게 앞에 서다

13 ○ 며칠이 지난 뒤에, 아그립바 왕과 버니게가 베스도에게 인사하려고 가이사랴에 왔다. 14 그들이 거기서 여러 날 지내는 동안에, 베스도는 바울에 대한 고발 사건을 왕 앞에 내놓고 말하였다. "벨릭스가 가두어둔 사람이 하나 있는데, 15 내가 예루살렘에 갔을 때에, 유대 사람의 대제사장들과 장로들이 그를 고발하여, 유죄판결을 청하였습니다. 16 나는 그들에게 대답하기를, 로마 사람의 관례로서는, 피고가 원고를 직접 대면해서, 그 고발한 내용에 대하여 변호할 기회를 가지기 전에는, 그 사람을 넘겨주는 일이 없다고 하였습니다. 17 그래서 그들이 여기에 함께 왔으므로, 나는 조금도 지체하지 않고, 그다음 날 재판석에 앉아서, 그 사람을 불러오게 하였습니다. 18 원고들이 일어나서 그를 고발할 죄목을 늘어놓았지만, 내가 짐작한 그런 악한 일은 하나도 없었습니다. 19 그들이 그와 맞서서 싸우는 몇몇 문제점은, 자기네의 종교와 또 예수라는 어떤 죽은

아그립바 왕과 버니게(13절)는 누구인가요? 그들은 베스도 총독과 정치적으로 어떤 관계에 있었나요? 아그립바 왕은 앞서 12장에서 열두 제자 중 하나인 야고보를 처형하고 베드로를 투옥했던 헤롯 아그립바 1세의 아들, 곧 헤롯 아그립바 2세입니다. 클라우디우스 황제의 보호 아래 로마에서 성장하다가 17세에 왕이 되어 아버지의 영토보다 훨씬 작은 지역을 다스렸습니다. 버니게(Bernice)는 그의 한 살 아래 여동생으로, 13세와 20세 때 두 번 남편과 사별하고, 오빠 아그립바와 근친상간을 한다는 소문으로 세 번째 남편과는 이혼했으며, 이후 본문에서 보는 것처럼 오빠와 함께 지냈습니다. 나중에 황제 베스파시아누스와 티투스의 첩이 되기도 하는 '기구한' 운명의 여인입니다. 아그립바 왕은 로마에 기댄 권력이므로 새로 부임한 로마 총독을 예방하는 것은 정치적으로 당연한 행보입니다.

이에 관한 일인데, 바울은 그가 살아 있다고 주장하였습니다. 20 나는 이 문제를 어떻게 심리해야 할지 몰라서, 바울에게, 예루살렘으로 가서 이 사건으로 거기서 재판을 받기를 원하는지를 물어보았습니다. 21 그러나 바울이 황제의 판결을 받도록, 그대로 갇혀 있게 하여달라고 호소하므로, 내가 그를 황제에게 보낼 때까지 그를 가두어두라고 명령하였습니다." 22 아그립바가 베스도에게 말하기를 "나도 그 사람의 말을 직접 들어보고 싶습니다" 하니, 베스도가 "내일, 그의 말을 들어보십시오" 하고 대답하였다.

23 ○ 이튿날, 아그립바와 버니게가 위엄을 갖추고 나와서, 고급 장교들과 그 도시의 요인들과 함께 신문 장소로 들어갔다. 그리고 베스도의 명령으로 바울을 끌어냈다. 24 그때에 베스도가 말하였다. "아그립바 임금님, 그리고 우리와 자리를 같이 하신 여러분, 여러분이 보시는 대로, 이 사람은 예루살렘에서나 여기서나, 모든 유대 사람이 그를 이 이상 더 살려두어서는 안 된다고 소리치면서, 나에게 청원한 사람입니다. 25 그러나 나는, 그가 사형을 받을 만한 아무런 일도 하지 않았다고 판단하였습니다. 그런데 그는 스스로 황제께 상소하였으므로, 나

황제까지도 바울에 대해 알고 있는 것처럼 보입니다. 그 시대에 바울이 그렇게까지 대단한 인물이었나요? 이 본문에서 바울이 활용한 것은 지방에 파견된 관료의 전횡 때문에 로마 시민이 억울하게 중범죄 혐의를 받아 처벌받는 일을 막기 위해 황제에게 직접 재판을 요청하는 제도였습니다. 라틴어로는 provocatio라 불렸습니다. 로마 시민이 활용할 수 있었던 이 제도는 피고와 황제 사이의 친분을 요구하지는 않습니다. 로마 시민이 가진 권리 중의 하나였다고 생각됩니다. 로마의 역사가인 수에토니우스의 기록에 따르면 네로 당시에 진행된 이 재판의 판결은 재판 당일 내려지지 않았으며, 이러한 재판은 대개 서면으로 판결이 통보되었다고 합니다.

는 그를 보내기로 작정하였습니다. 26 나는 그와 관계되어 있는 일을 황제께 써 올릴 만한 확실한 자료가 없으므로, 여기서 그를 신문해서, 내가 써 올릴 자료를 얻을까 하는 생각으로, 그를 여러분 앞에, 특히 아그립바 임금님 앞에 끌어다가 세웠습니다. 27 죄수를 보내면서 그의 죄목도 제시하지 않는다는 것은, 이치에 맞지 않는 일이라고 생각합니다."

{ 제26장 }

바울의 해명

1 아그립바 왕이 바울에게 말하였다. "할 말이 있으면 해도 된다." 바울이 손을 뻗치고 변호하기 시작하였다. 2 "아그립바 임금님, 오늘 내가 전하 앞에서 유대 사람이 나를 걸어서 고발하는 모든 일에 대하여 변호하게 된 것을 다행으로 생각합니다. 3 그것은 특히 임금님께서 유대 사람의 풍속과 쟁점들을 모두 잘 알고 계시기 때문입니다. 아무쪼록 내 말을 끝까지 참으시고 들어주시기 바랍니다. 4 내가 젊었을 때부터 살아온 삶을 모든 유대 사람이 알고 있습니다. 곧 그들은 내가 내 동족 가운데서, 그리고 예루살렘에서, 처음부터 어떻게 살았는지를 알고 있습니다. 5 그들은 오래전부터 나를 알고 있었으므로, 증언하려고 마음만 먹으면, 그들은 내가 우리 종교의 가장 엄격한 파를 따라 바리새파 사람으로 살아왔다는 것을 인정할 것입니다. 6 지금 나는, 하나님께서 우리 조상들에게 주신 약속에 소망을 두고 있기 때문에, 여기에 서서 재판을 받고 있습

바울은 자신에 대해 이야기할 때 바리새파라고 꼭 밝히는데(5절), 그것은 자신의 어떤 부분을 증명하기 위한 것인가요? 우선 철저한 유대교 신자로서의 '모범적' 과거를 부각시키려는 의도가 있습니다. 자신의 과거를 강조하는 만큼, 현재 자신이 믿고 있는 예수의 복음이 더욱 설득력 있게 들릴 것이기 때문입니다. 또한 유대교 내에서도 사두개인들과 달리 바리새인들은 미래의 부활을 믿었고, 그 점에서는 예수의 복음을 믿는 사람들과 입장이 같았습니다. 그래서 바울은 기독교의 부활 이야기가 부활에 대한 바리새적 소망의 성취에 해당한다는 사실을 강력하게 주장합니다. 예수님에 대한 믿음은 유대교 신앙에서 일탈한 것이 아니라, 그 신앙의 성취라는 것이지요.

니다. 7 우리 열두 지파는 밤낮으로 열심히 하나님을 섬기면서, 그 약속이 이루어지기를 바라고 있습니다. 전하, 나는 바로 이 소망 때문에 유대 사람에게 고발을 당한 것입니다. 8 여러분은 어찌하여, 하나님께서 죽은 사람들을 살리신다는 것을 믿을 수 없는 일로 여기십니까? 9 사실, 나도 한때는, 나사렛 예수의 이름을 반대하는 데에, 할 수 있는 온갖 일을 다 해야 한다고 생각하였습니다. 10 그래서 나는 그런 일을 예루살렘에서 하였습니다. 나는 대제사장들에게서 권한을 받아 가지고 많은 성도를 옥에 가두었고, 그들이 죽임을 당할 때에 그 일에 찬동하였습니다. 11 그리고 회당마다 찾아가서, 여러 번 그들을 형벌하면서, 강제로 신앙을 부인하게 하려고 하였습니다. 나는 그들에 대한 분노가 극도에 다다랐으므로, 심지어 외국의 여러 도시에까지 박해의 손을 뻗쳤습니다."

바울이 자기의 회개를 이야기하다 (행 9:1-19; 22:6-16)

12 ○ "한번은 내가 이런 일로 대제사장들에게서 권한과 위임을 받아 가지고 다마스쿠스로 가고 있었습니다. 13 임금님, 나

자신을 신문하는 이들에게까지 자신이 믿는 바를 전하는 바울의 태도는 너무나 당당해 보입니다. 이런 자신감의 근거가 궁금합니다. 바울의 이런 모습은 사도행전 전반부에 나오는 사도들의 당당함과 비슷합니다. 예수의 복음에 대한 선명한 확신의 표현입니다. 실제 같은 저자의 책인 누가복음서와 사도행전에서는 예수님의 모습과 사도들의 모습이, 그리고 예루살렘 사도들의 모습과 스데반이나 바울과 같은 이후 지도자들의 모습이 겹쳐질 때가 많습니다. 그러한 그림에서 공통된 모습 중 하나가 주변의 압박에 굴하지 않는 당당함입니다. 재판 자리에 서신 예수님, 공회 앞에 선 사도들, 군중들 앞에 선 스데반, 여러 박해 중에도 움츠러들지 않는 바울이 다 그렇습니다.

는 길을 가다가, 한낮에 하늘에서부터 해보다 더 눈부신 빛이 나와 내 일행을 둘러 비추는 것을 보았습니다. 14 우리는 모두 땅에 엎어졌습니다. 그때에 히브리 말로 나에게 '사울아, 사울아, 너는 어찌하여 나를 핍박하느냐? 가시 돋친 채찍을 발길로 차면, 너만 아플 뿐이다' 하고 말하는 음성을 들었습니다. 15 그래서 내가 '주님, 누구십니까?' 하고 물었더니, 주님께서 '나는 네가 핍박하는 예수이다. 16 자, 일어나서, 발을 딛고 서라. 내가 네게 나타난 목적은, 너를 일꾼으로 삼아서, 네가 나를 본 것과 내가 장차 네게 보여줄 일의 증인이 되게 하려는 것이다. 17 나는 이 백성과 이방 사람들 가운데서 너를 건져내어, 이방 사람들에게로 보낸다. 18 이것은 그들의 눈을 열어주어서, 그들이 어둠에서 빛으로 돌아서고, 사탄의 세력에서 하나님께로 돌아오게 하며, 또 그들이 죄 사함을 받아서 나에 대한 믿음으로 거룩하게 된 사람들 가운데 들게 하려는 것이다' 하고 말씀하셨습니다."

바울은 중요한 자리마다 자신에 대해 거침없이 이야기하고, 특히 예수를 핍박하다 겪은 특별한 경험을 거듭 말합니다. 사도행전은 왜 그 이야기를 반복적으로 싣고 있는 건가요? 내러티브에서 반복은 그만큼 중요하다는 의미입니다. 사울의 회심이 특별히 중요한 사건으로 간주되고 있다는 뜻이죠. 실제 사도행전 후반부는 거의 바울의 행적을 담고 있다는 점에서, 그리고 유대인들을 향한 바울의 자기변호는 과거 유대교 신자로서의 열성과 예기치 못했던 극적 회심을 언급하지 않고서는 불가능했을 것이라는 점에서, 세 번이나 반복해 기록된 것으로 여겨집니다. 바울로서는 자신의 '변화'가 전통적 신앙으로부터의 '변절'이 아니라, 오랜 약속의 참 성취이신 예수님을 통해 부활의 소망을 이어가는 것이라는 사실을 설득하고 싶었습니다. 사도행전의 저자 또한 반드시 이 사실을 알아야 할 유대인 독자들을 염두에 두고 있었다고 볼 수 있습니다.

바울이 신문자들에게 전도하다

19 ○ "그러므로 아그립바 임금님, 나는 하늘로부터 받은 환상을 거역하지 않고, 20 먼저 다마스쿠스와 예루살렘에 있는 사람들에게, 다음으로 온 유대 지방 사람들에게, 나아가서는 이방 사람들에게, 회개하고 하나님께로 돌아와서, 회개에 합당한 일을 하라고 전하였습니다. 21 이런 일들 때문에, 유대 사람들이 성전에서 나를 붙잡아서 죽이려고 하였습니다. 22 그러나 내가 이날까지, 하나님의 도우심을 받아서, 낮은 사람에게나 높은 사람에게나 이렇게 서서 증언하고 있는데, 예언자들과 모세가 장차 그렇게 되리라고 한 것밖에는 말한 것이 없습니다. 23 그것은 곧, 그리스도는 고난을 당하셔야 한다는 것과, 그는 죽은 사람들 가운데서 가장 먼저 부활하신 분이 되셔서, 이스라엘 백성과 이방 사람들에게 빛을 선포하시리라는 것입니다."

바울은 왜 자신을 변명하기보다 신문하는 이들에게 자신이 믿는 바를 전하는 발언을 더 많이 한 건가요? 헤롯 아그립바 앞에 선 것은 정식 재판이 아니라 일종의 면담입니다. 사도가 되어 복음을 전한 일로 황제의 재판에 넘길 수는 없어서 베스도는 타당한 죄목이 필요했고, 아그립바 역시 바울에 대한 호기심이 강했기에 마련된 비공식 신문입니다. 자신의 발언을 듣는 주된 청중이 유대 전통에 속한 헤롯이었기에, 바울은 무죄 증명보다는 자신의 별난 행보를 해명하는 데 초점을 맞춥니다. 그리고 이 해명은 자연히 자신이 믿고 전파하는 예수님에 대한 설명이 됩니다. 헤롯과의 짧은 '대화'는 논증을 이어가는 일종의 수사적 장치이기도 합니다. 모두 자기처럼 되기를 바란다는 29절의 말 또한 복음을 받아들이라는 촉구이기도 하지만, 자신의 행보의 당위성을 역설하는 방식이기도 합니다.

바울이 아그립바 왕에게 전도하다

24 ○ 바울이 이렇게 변호하니, 베스도가 큰 소리로 "바울아, 네가 미쳤구나. 네 많은 학문이 너를 미치게 하였구나" 하고 말하였다. 25 그때에 바울이 대답하였다. "베스도 총독님, 나는 미치지 않았습니다. 나는 맑은 정신으로 참말을 하고 있습니다. 26 임금님께서는 이 일을 잘 알고 계시므로, 내가 임금님께 거리낌 없이 말씀드리고 있는 것입니다. 이것은 어느 한 구석에서 일어난 일이 아니므로, 임금님께서는 그 어느 사실 하나라도 모르실 리가 없다고 생각합니다. 27 아그립바 임금님, 예언자들을 믿으십니까? 믿으시는 줄 압니다." 28 그러자 아그립바 왕이 바울에게 말하였다. "그대가 짧은 말로 나를 설복해서, 그리스도인이 되게 하려고 하는가!" 29 바울이 대답하였다. "짧거나 길거나 간에, 나는 임금님뿐만 아니라, 오늘 내 말을 듣고 있는 모든 사람이, 이렇게 결박을 당한 것 외에는, 꼭 나와 같이 되기를 하나님께 빕니다."

30 ○ 왕과 총독과 버니게 및 그들과 함께 앉아 있는 사람들이

바울의 말을 들은 이들은 결국 바울의 무죄를 알면서도 별다른 조처를 취하지 않았습니다. 그 일에 개입되는 것이 싫었던 건가요? 토착 통치 세력이나 로마에서 파견한 총독(지방 수세관)은 상당히 난처한 입장이라 할 수 있습니다. 혐의자가 로마 시민이라 함부로 할 수도 없지만, 대제사장을 중심으로 한 지방 자치 귀족들 및 그들과 얽힌 유대인 대중의 목소리도 무시할 수 없기 때문입니다. 애초에 바울과 유대 지도자들 간의 갈등 자체가 유대의 '독특한' 전통과 관련된 것이라, 로마를 대표하는 권력자 입장에서 로마 시민에게 유죄 선고를 내릴 만한 확실한 사안을 찾을 수는 없었습니다. 하지만 지방 세력의 요구 역시 쉽게 무시할 수 없었습니다. 벨릭스에 의한 재판 지연과 2년여 동안의 구금, 양쪽을 다 만족시켜보려는 베스도의 눈치 작전은 모두 이런 상황의 산물입니다.

다 일어났다. 31 그들은 물러가서 서로 말하였다. "그 사람은 사형을 당하거나, 갇힐 만한 일을 한 것이 하나도 없소." 32 그 때에 아그립바 왕이 베스도에게 말하였다. "그 사람이 황제에게 상소하지 않았으면, 석방될 수 있었을 것이오."

{ 제27장 }

바울이 로마로 압송되다

1 우리가 배로 이탈리아에 가야 하는 것이 결정되었을 때에, 그들은 바울과 몇몇 다른 죄수를 황제 부대의 백부장 율리오라는 사람에게 넘겨주었다. 2 우리는 아드라뭇데노 호를 타고 출항하였다. 이 배는 아시아 연안의 여러 곳으로 항해하는 배였다. 데살로니가 출신인 마케도니아 사람 아리스다고도 우리와 함께하였다. 3 이튿날 우리는 시돈에 배를 대었다. 율리오는 바울에게 친절을 베풀어, 친구들에게로 가서 보살핌을 받는 것을

바울은 다른 사도들과 함께 압송된 것인가요? 1–3절의 내용을 보면 마치 누군가가 압송되는 바울과 동행하는 것처럼 보입니다. 바울은 다른 몇 명의 죄수와 함께 이탈리아(로마)로 호송됩니다. 당연히 군인들이 있었고, 책임은 율리오라는 백부장(백인대장)이 맡았습니다. 여기에 "데살로니가 출신인 마케도니아 사람 아리스다고도 우리와 함께하였다"(2절)고 되어 있습니다. 이 '우리' 속에 저자도 포함된다면, 바울의 동료 역시 그 여정에 동행한 셈입니다. 평소에 다니는 여객선이나 무역선을 이용한 것이라 동료들의 동행이 가능했을 것입니다. 여기 언급된 아리스다고는 에베소에서부터 줄곧 바울과 동행했고(19:29; 20:4), 바울이 로마로 압송되는 여정까지 함께한 것입니다. 이후 골로새서에서 바울은 그를 자기와 함께 갇힌 사람으로 언급합니다(골 4:10).

허락하였다. 4 우리는 시돈을 떠나 뱃길을 갈 때에, 맞바람 때문에 키프로스 섬을 바람막이로 삼아서 항해하였다. 5 우리는 길리기아와 밤빌리아 앞바다를 가로질러 항해하여, 루기아에 있는 무라에 이르렀다. 6 거기서 백부장은 이탈리아로 가는 알렉산드리아 배를 만나서, 우리를 그 배에 태웠다. 7 우리는 여러 날 동안 천천히 항해하여, 겨우 니도 앞바다에 이르렀다. 그런데 우리는 맞바람 때문에 더 이상 나아갈 수 없어서, 크레타 섬을 바람막이로 삼아 살모네 앞바다를 항해하여 지나갔다. 8 그리고 우리는 크레타 남쪽 해안을 따라 겨우겨우 항해하여, 라새아 성에서 가까운 도시인 '아름다운 항구'라는 곳에 닿았다.

9 ○ 많은 시일이 흘러서, 금식 기간이 이미 지났으므로, 벌써 항해하기에 위태로운 때가 되었다. 그래서 바울은 그들에게 이렇게 충고하였다. 10 "여러분, 내가 보기에, 지금 항해를 하다가는 재난을 당할 것 같은데, 짐과 배의 손실만이 아니라, 우리의 생명까지도 잃을지 모릅니다." 11 그러나 백부장은 바울의 말보다는 선장과 선주의 말을 더 믿었다. 12 그리고 그 항구는 겨울을 나기에 적합하지 못한 곳이므로, 거의 모두는, 거기에서 출항하여, 할 수 있으면 뵈닉스로 가서 겨울을 나기로 뜻을 정하였다. 뵈닉스는

바울이 로마로 압송되는 여정은 마치 일지처럼 보입니다. 다소 따분하게 느껴지는데 이렇게 기술해둔 의미가 있나요? 예루살렘을 향해 올 때의 여정도 비슷한 방식으로 기록되었습니다. 목격자로서 상세하게 기록했기 때문일 수도 있고('우리가'), 차근차근 기록하려는 애초의 의도에 맞게 사실적인 측면을 강조하기 위해서일 수도 있습니다(눅 1:1-4). 신학적인 의도를 파악하기 어려운 항해와 파선 이야기에 왜 그렇게 긴 지면을 할애했는지는 학자들 사이에서도 흥미로운 토론 주제입니다. 누구에게는 '따분하다'고 느껴질 수도 있지만, 오히려 무거운 내용을 잠시 멈추고 독자의 마음을 가볍게 하려는 일종의 여흥으로 보는 사람도 있습니다.

크레타 섬의 항구로, 서남쪽과 서북쪽을 바라보는 곳이다.

바울이 바다에서 폭풍을 만나다

13 ○ 때마침 남풍이 순하게 불어오므로, 그들은 뜻을 이룬 것이나 다름없다고 생각하고, 닻을 올리고서, 크레타 해안에 바싹 붙어서 항해하였다. 14 그런데 얼마 안 되어서, 유라굴로라는 폭풍이 섬 쪽에서 몰아쳤다. 15 배가 폭풍에 휘말려서, 바람을 맞서서 나아갈 수 없으므로, 우리는 체념하고, 떠밀려 가기 시작하였다. 16 그런데 우리가 가우다라는 작은 섬 아래쪽을 따라 밀려갈 때에, 그 섬이 어느 정도 바람막이가 되어주었으므로, 우리는 간신히 거룻배를 휘어잡을 수 있었다. 17 선원들은 거룻배를 갑판 위에다가 끌어올리고 밧줄을 이용하여 선체를 동여매었다. 그리고 그들은 리비아 근해의 모래톱으로 밀려들까 두려워서, 바다에 닻을 내리고, 그냥 떠밀려 가고 있었다. 18 우리는 폭풍에 몹시 시달리고 있었는데, 다음 날 선원들은 짐을 바다에 내던졌고, 19 사흘째 날에는 자기네들 손

바울은 뱃사람이었나요? 어떻게 바다와 풍랑을 내다볼 수 있었나요? 지중해 지역에서 겨울 뱃길이 위험하다는 것은 상식이었습니다. 9절에 언급된 금식일은 우리 달력으로 9월 말에서 10월 초 사이에 오는 대속죄일인데, 이 기간이 지났다면 바닷길이 위험해지는 겨울로 접어듭니다. 물론 선주라면 위험을 무릅쓰고라도 돈을 더 벌고 싶은 욕심이 생깁니다. 클라우디우스 황제는 곡물 수송을 위해 위험한 항해를 권장하기도 했습니다. 여기서 핵심은 '상식'에 대한 바울의 예지력이 아니라 호송되는 신분이면서도 당당히 자기 의견을 주장하는 대담함입니다. 그가 로마 시민이었고, 아직 유죄로 인정된 적이 없으며, 총독조차 자신의 무죄를 인정한 마당이라 그랬을 수도 있습니다. 물론 나중에는 환상을 통해 예수님의 말씀을 듣기도 합니다.

으로 배의 장비마저 내버렸다. 20 여러 날 동안 해도 별도 보이지 않고, 거센 바람만이 심하게 불었으므로, 우리는 살아남으리라는 희망을 점점 잃었다.

21 ○ 사람들은 오랫동안 아무것도 먹지 못하고 있었다. 그때에 바울이 이렇게 말하였다. "여러분, 여러분은 내 말을 듣고, 크레타에서 출항하지 않았어야 했습니다. 그랬으면, 이런 재난과 손실은 당하지 않았을 것입니다. 22 그러나 이제 나는 여러분에게 권합니다. 기운을 내십시오. 이 배만 잃을 뿐, 여러분 가운데 한 사람도 목숨을 잃지는 않을 것입니다. 23 바로 지난밤에, 나의 주님이시요 내가 섬기는 분이신 하나님의 천사가, 내 곁에 서서 24 '바울아, 두려워하지 말아라. 너는 반드시 황제 앞에 서야 한다. 보아라, 하나님께서는 너와 함께 타고 가는 모든 사람의 안전을 너에게 맡겨주셨다' 하고 말씀하셨습니다. 25 그러므로 여러분, 힘을 내십시오. 나는 하나님께서 나에게 말씀하신 그대로 되리라고 믿습니다. 26 우리는 반드시 어떤 섬으로 밀려 닿게 될 것입니다."

27 ○ 열나흘째 밤이 되었을 때에, 우리는 아드리아 바다에 떠밀려 다녔다. 한밤중에 선원들은 어떤 육지에 가까이 이르고 있다

폭풍을 만나 죽을 지경이지만 바울은 지난밤 들은 하나님의 메시지를 이야기하며 사람들을 다독입니다. 그는 원래 이렇게 리더십 있는 인물이었나요? 바울의 말을 무시하고 항해를 계속한 터라 그만큼 바울의 말에 무게가 실릴 수밖에 없었을 것입니다. 사람들은 좌절하는 모습을 보이지만, 바울은 하나님의 격려로 상황에 굴하지 않는 모습을 보이고, 위험이 종결될 때까지 상황을 수습하는 인물로 그려집니다. 본문의 표면에는 남다른 지혜로 상황을 주도해나가는 바울이 그려지지만, 그 아래는 바울에게 필요한 말씀과 힘을 주시는 하나님의 도움이 자리합니다. 성령의 인도에 따라 말씀의 능력을 보여준다는 점에서 사도행전 전체를 관통하는 주제가 계속 이어지고 있습니다.

고 짐작하였다. 28 그들이 물 깊이를 재어보니, 스무 길이었다. 좀 더 가서 재니, 열다섯 길이었다. 29 우리는 혹시 암초에 걸리지나 않을까 염려하여, 고물에서 닻 네 개를 내리고, 날이 새기를 고대하였다. 30 그런데 선원들이 배를 버리고 달아나려고, 이물에서 닻을 내리는 척하면서 바다에 거룻배를 풀어 내렸다. 31 바울은 백부장과 병사들에게 말하였다. "만일 이 사람들이 배에 그대로 남아 있지 않으면, 당신들은 무사할 수 없습니다." 32 그러자 병사들이 거룻배의 밧줄을 끊어서 거룻배를 떨어뜨렸다. 33 ○ 날이 새어갈 때에, 바울은 모든 사람에게 음식을 먹으라고 권하면서 말하였다. "여러분은 오늘까지 열나흘 동안이나 마음을 졸이며 아무것도 먹지 못하고 굶고 지냈습니다. 34 그래서 나는 여러분들에게 음식을 먹으라고 권합니다. 그래야 여러분은 목숨을 유지할 힘을 얻을 것입니다. 여러분 가운데서 아무도 머리카락 하나라도 잃지 않을 것입니다." 35 바울은 이렇게 말하고 나서, 빵을 들어, 모든 사람 앞에서 하나님께 감사를 드리고, 떼어서 먹기 시작하였다. 36 그러자 사람들은 모두 용기를 얻어서 음식을 먹었다. 37 배에 탄 우리의 수는 모두 이백일흔여섯 명이었다. 38 사람들이 음식을 배부르게 먹은 뒤

276명이 탈 수 있다(37절)면 배의 규모는 아주 상당했습니다. 그 당시 기술적으로 그렇게 큰 배를 만들 수 있었나요? 어떤 사본들은 76명이라고 적고 있습니다만, 276명이 원문임이 분명해 보입니다. 276명은 꽤 많은 인원이지만, 고대의 기준으로도 '엄청나게' 많은 수는 아닙니다. 현대인들은 고대인들의 기술을 과소평가하는 경향이 있습니다만, 과거에도 조선술이나 항해술은 상당한 수준이었습니다. 특히 당시에는 이집트나 동방에서 곡물을 비롯한 여러 물건들을 계속 실어 날라야 했기에 지중해의 배여행은 가장 통상적인 이동 방식이었습니다. 유대인 역사가 요세푸스도 아드리아해에서 자기가 탄 배가 파선해 600여 명이 헤엄을 쳐야 했다는 경험담을 들려줍니다.

에, 남은 식량을 바다에 버려서 배를 가볍게 하였다.

배가 부서지다

39 ○ 날이 새니, 어느 땅인지는 알 수 없지만, 모래밭이 있는 항만이 보였다. 그래서 그들은 어떻게 해서든지, 배를 거기로 몰아 해변에 대기로 작정하였다. 40 닻을 모두 끊어서 바다에 버리고, 동시에 키를 묶은 밧줄을 늦추었다. 그리고 앞 돛을 올려서, 바람을 타고 해안 쪽으로 들어갔다. 41 그런데 두 물살이 합치는 곳에 끼어들어서, 배가 모래톱에 걸렸다. 이물은 박혀서 움직이지 않고, 고물은 심한 물결에 깨졌다. 42 병사들은 죄수들이 혹시 헤엄쳐 도망할까 봐, 그들을 죽여버리려고 계획하였다. 43 그러나 백부장은 바울을 구하려고 병사들의 의도를 막고, 헤엄칠 수 있는 사람들은 먼저 뛰어내려서, 뭍으로 올라가라고 명령하였다. 44 그리고 그 밖의 사람들은 널빤지나, 부서진 배 조각을 타고 뭍으로 나가라고 명령하였다. 이렇게 해서, 모두 뭍으로 올라와 구원을 받게 되었다.

바울은 죄수로 끌려가는 중임에도 마치 이 여정을 주도하는 사람처럼 말하고 행동합니다. 죄수 신분으로 어떻게 그럴 수 있었던 건가요? 소위 "난세가 영웅을 만든다"는 말처럼, 파선과 죽음의 위험은 죄수라는 신분을 무의미하게 만듭니다. 자기들만 살아보겠다고 잔꾀를 부리는 선원들, 절망에 빠져 자포자기하는 여행객들 사이에서, 바울의 신앙적 안정감과 자신감은 그를 위기 상황의 주인공으로 부각시킵니다. 바울의 이런 모습의 배후에는 주께서 천사를 통해 확신을 주셨다는 사실이 자리하고 있습니다. 그럼에도 불구하고 죄수는 죄수인지라, 백부장의 호의로 간신히 목숨을 부지하는 안타까운 존재이기도 합니다(42–43절).

{ 제28장 }

몰타 섬에 오르다

1 우리가 안전하게 목숨을 구한 뒤에야, 비로소 그곳이 몰타 섬이라는 것을 알았다. 2 섬사람들이 우리에게 특별한 친절을 베풀어주었다. 비가 내린 뒤라서 날씨가 추웠으므로, 그들은 불을 피워서 우리를 맞아주었다. 3 바울이 나뭇가지를 한 아름 모아다가 불에 넣으니, 뜨거운 기운 때문에 독사가 한 마리 뛰어나와서, 바울의 손에 달라붙었다. 4 섬사람들이 그 뱀이 바울의 손에 매달려 있는 것을 보고 "이 사람은 틀림없이 살인자이다. 바다에서는 살아 나왔지만, 정의의 여신이 그를 그대로 살려두지 않는다" 하고 서로 말하였다. 5 그런데 바울은 그 뱀을 불 속에 떨어버리고, 아무런 해도 입지 않았다. 6 섬사람들은, 그가 살이 부어오르거나 당장 쓰러져 죽으려니, 하고 생각하면서 기다렸다. 그런데 오랫동안 기다려도 그에게 아무런 이상이 생기지 않자, 그들은 생각을 바꾸어서, 그를 신이라고 하였다.

바울이 로마로 압송되는 과정에는 극적인 이야기들이 많이 등장합니다. 기적 같은 일들이 늘어난 반면, 앞에서 자주 언급되었던 '성령' 이야기는 부쩍 줄었고요. 어떤 차이가 있을까요? 같은 경험이라도 성령의 이끄심에 초점을 맞출 수도 있고, 성령의 도우심을 따라 상황에 대처하는 사람의 신앙에 시선을 줄 수도 있습니다. 또 기적적인 현상 자체에 초점을 맞춰 기록할 수도 있고, 성령의 개입으로 묘사할 수도 있습니다. 바울을 죽이려는 군인들을 말리는 백부장의 손길은 성령의 개입이겠지만, 인간적으로는 '천만다행'이라 여길 만한 상황입니다. 뱀에 물렸던 이야기 역시 마찬가지입니다. 저자의 의도에 따라 어떤 측면을 부각시킬지가 달라지는 것입니다. 지금쯤이면 독자들은 저자가 성령의 이끄심을 당연한 것으로 전제하고 있음을 알게 됩니다.

7 ○ 그 근처에 그 섬의 추장인 보블리오가 농장을 가지고 있었다. 그가 우리를 그리로 초대해서, 사흘 동안 친절하게 대접해주었다. 8 마침 보블리오의 아버지가 열병과 이질에 걸려서 병석에 누워 있었다. 그래서 바울은 들어가서 기도하고, 그에게 손을 얹어서 낫게 해주었다. 9 이런 일이 일어나니, 그 섬에서 병을 앓고 있는 다른 사람도 찾아와서 고침을 받았다. 10 그들은 극진한 예로 우리를 대하여주었고, 우리가 떠날 때에는, 우리에게 필요한 물건들을 배에다가 실어주었다.

바울이 로마에 이르다

11 ○ 석 달 뒤에 우리는 그 섬에서 겨울을 난 디오스구로라는 이름이 붙은 알렉산드리아 배를 타고 떠났다. 12 우리는 수라구사에 입항하여 사흘 동안 머물고, 13 그곳을 떠나, 빙 돌아서 레기온에 다다랐다. 그런데 하루가 지나자 남풍이 불어왔으므로, 우리는 이틀 만에 보디올에 이르렀다. 14 우리는 거기서 신도들을 만나서, 그들의 초청을 받고, 이레 동안 함께 지냈다. 그런 다음에, 드디어 우리는 로마로 갔다. 15 거기 신도들이 우리 소식을

몰타 섬에서 생긴 일을 보면 바울은 죄수처럼 보이지 않습니다. 마치 이전에 전도 활동을 하면서 돌아다닐 때의 모습과 비슷합니다. 바울은 정말 자유로웠던 건가요? 항해 과정에서의 일도 영향이 있었을 테고, 섬에서의 사건들 역시 바울의 권위를 두드러지게 합니다. 그만큼 바울의 행보는 자유로웠을 것으로 보입니다. 물론 저자가 바울이 죄수라는 사실을 부각시키는 대신, 그가 발휘한 영적 권위에 초점을 맞추었기 때문이기도 합니다. 하지만 죄수라는 사실이 달라지지는 않습니다. 로마에 도착한 바울은 여전히 그를 지키는 '군인'과 함께한 모습입니다. 비교적 자유로운 일종의 가택연금 상태 정도라고 할까요?

듣고서, 아피온 광장과 트레스 마을까지 우리를 맞으러 나왔다. 바울은 그들을 보고, 하나님께 감사를 드리고, 용기를 얻었다. 16 ○ 우리가 로마에 들어갔을 때에, 바울은 그를 지키는 병사 한 사람과 함께 따로 지내도 된다는 허락을 받았다.

바울이 로마에서 전도하다

17 ○ 사흘 뒤에 바울은 그곳 유대인 지도자들을 불러 모았다. 그들이 모였을 때에, 바울은 이렇게 말하였다. "동포 여러분, 나는 우리 겨레와 조상들이 전하여준 풍속을 거스르는 일을 한 적이 없습니다. 그런데도 나는 죄수가 되어서, 예루살렘에서 로마 사람의 손에 넘겨졌습니다. 18 로마 사람은 나를 신문하여 보았으나, 사형에 처할 만한 아무런 근거가 없으므로, 나를 놓아주려고 하였습니다. 19 그러나 유대 사람이 반대하는 바람에, 하는 수 없이 내가 황제에게 상소한 것입니다. 나는 절대로 내 민족을 고발하려는 것이 아니었습니다. 20 이런 까닭으로, 나는 여러분을 뵙고 말씀드리려고, 여러분을 오시라고 청한 것

로마에서 바울의 모습은 거의 자유인입니다. 어떻게 그럴 수 있나요? 고소당한 혐의 자이기는 하지만, 아직까지 바울은 재판에서 유죄판결을 받은 적이 없습니다. 게다가 함부로 건드릴 수 없는 권리를 소유한 로마 시민입니다. 그러니까 로마에서 바울은 엄밀히 선고를 받고 투옥된 것이 아니라 일종의 가택 연금 상태에서 재판을 기다리는 중입니다. 그러니 감시 또한 최소한으로만 이루어집니다. 요즘으로 치면 구속된 상태 이기는 하지만, 여전히 재판 중인 상황과 비슷합니다. 그래서 마냥 자유로이 다닐 수 는 없어도 사람들과의 접촉은 매우 자유롭습니다. 저자는 바울이 로마에서도 거침없 이 복음을 전하는 모습으로 이야기를 마무리합니다. 우리는 재판의 결과가 궁금하지 만, 저자는 이것으로 자신의 목적을 달성했다고 생각한 것으로 보입니다.

입니다. 내가 이렇게 쇠사슬에 매여 있는 것은, 이스라엘의 소망 때문입니다." 21 그들이 바울에게 말하였다. "우리는 아직 유대로부터 당신에 관한 편지를 받은 일도 없고, 동포들 가운데서 아무도, 여기에 와서 당신에 대하여 나쁘게 말하거나 소문을 낸 일이 없습니다. 22 우리는 당신에게서 당신의 생각을 들어보고 싶습니다. 이 종파에 대하여 우리가 아는 것은, 어디서나 이 종파를 반대하는 소리가 높다는 것입니다."

23 ㅇ 그들은 바울과 만날 날짜를 정하였다. 그날에 더 많은 사람이 바울의 숙소로 찾아왔다. 그는, 아침부터 저녁까지, 그들에게 하나님 나라를 엄숙히 증언하고, 모세의 율법과 예언자의 말을 가지고 예수에 관하여 그들을 설득하면서 그의 속내를 터놓았다. 24 더러는 그의 말을 받아들였으나, 더러는 믿지 않았다. 25 그들이 이렇게 견해가 서로 엇갈린 채로 흩어질 때에, 바울은 이런 말을 한마디 하였다. "성령께서 예언자 이사야를 통하여 여러분의 조상에게 하신 말씀은 적절합니다. 26 곧 이런 말씀입니다. '이 백성에게 가서 말하여라. 너희가 듣기는 들어도 깨닫지 못하고, 보기는 보아도 알지 못한다. 27 이 백성의 마음이 무디어지고 귀가 먹고 눈이 감기어 있다. 이는 그들로

바울이 로마에서 어떤 처분을 받았는지 결론이 없어서 당황스럽네요. 바울은 어떻게 되었나요? 아마도 저자는 비록 죄수 신분이지만 제국의 심장부인 로마에서 하나님 나라의 복음을 전하는 바울을 보여주는 것으로 애초의 의도를 달성했다고 생각했을 공산이 큽니다. 그 이후 바울은 곧바로 순교했거나(그러면 신약성경의 목회서신은 바울이 아닌 바울의 제자들 중 누군가가 기록한 편지가 됩니다), 교회의 전승에서처럼 풀려나 선교 활동을 지속하다가 다시 투옥되어 순교했을 수도 있습니다. 바울이 원래 계획대로 스페인으로 갔는지는 알 수 없습니다. 다만 전승에 따르면 흥미롭게도 베드로와 바울 모두 로마에서 순교한 것으로 되어 있습니다.

하여금 눈으로 보지 못하게 하고 귀로 듣지 못하게 하고 마음으로 깨닫지 못하게 하고 돌아서지 못하게 하여, 내가 그들을 고쳐주지 않으려는 것이다.' 28 그러므로 여러분은 하나님의 이 구원의 소식이 이방 사람에게 전파되었음을 알아야 합니다. 그들이야말로 그것을 듣고 받아들일 것입니다." 29 (없음)

30 ○ 바울은 자기가 얻은 셋집에서 꼭 두 해 동안 지내면서, 자기를 찾아오는 모든 사람을 맞아들였다. 31 그는 아무런 방해도 받지 않고, 아주 담대하게 하나님 나라를 전하고, 주 예수 그리스도에 관한 일들을 가르쳤다.

사도행전은 이야기가 마무리되지 않은 채 끝나버린 느낌입니다. 마치 뒷이야기가 남아 있는데, 중간에 뚝 끊어진 것처럼요. 왜 그런 건가요? 바로 앞 질문의 답변처럼, 내용이 사라진 게 아니라면 자신의 의도가 충분히 달성되었다는 저자의 판단 때문일 것입니다 (1:8 참조). 실제 헬라어 원문으로 사도행전은 "담대하게, 거침없이"라는 두 부사와 함께 마무리됩니다. 저자는 예루살렘에서 시작해 '땅끝까지' 이르는 복음의 강력한 전파 과정을 말하고 싶었고, 아마도 바울이 로마에 도착해 복음을 전하는 장면으로 그 목적이 완성되었다고 판단했을 것입니다. 우리는 좀 더 완벽한 역사적 그림을 갖고 싶어 하지만, 저자는 자기 나름의 선명한 목표에 따라 그에 어울리는 이야기를 전해준 것입니다.

마태복음서 마태가 기록한 예수님의 삶과 가르침. 세금 징수원으로 일하다 부름을 받고 제자가 된 마태는 예수님의 중요한 행적과 가르침들을 낱낱이 기록으로 남겼다. 메시아가 나타나 새로운 나라의 임금이 되어 옛 영화를 되찾아주길 간절히 기다리던 유대인들에게 예수님이 곧 그분이라고 소개한다. 메시아가 임금이 되어 다스리는 나라는 어떤 모습일까? 마태의 눈을 통해 함께 들여다보자.

마가복음서 마가가 정리한 예수님의 삶과 가르침. 예수님께서 부활해 하늘로 올라가신 이후에 제자가 된 마가는 직접 그리스도를 따라다녔던 여러 선배들의 증언을 바탕으로 그 활동과 메시지를 정리했다. 예수님은 하나님의 아들이라고 단언하면서 그토록 고귀한 이가 섬기는 종의 모습으로 세상에 왔다고 설명한다. 주로 유대인과 로마인들을 겨냥해 구원의 소식을 전한다.

누가복음서 누가가 적은 예수님의 삶과 가르침. 의사였던 누가는 마치 기자처럼 예수님의 말과 행동을 상세히 기록한다. 인간 예수의 뒤를 따라가며 각종 사건과 발언들을 받아 적었다. 탄생, 어린 시절, 세례, 갖가지 비유와 기적, 죽음과 부활, 승천에 이르기까지 예수님께서 이 땅에 오셨다가 뜻을 이루고 다시 하늘로 올라가신 과정 전체를 이 책 한 권만 가지고도 넉넉히 살필 수 있다.

요한복음서 예수님을 따라다니며 큰 사랑을 받았던 제자 요한이 기록한 복음서. 앞의 책들과 마찬가지로 굵직굵직한 사건들과 중요한 메시지들을 다루지만, 다소 신학적이고 깊이 있는 설명을 덧붙이기도 한다. 예수님은 곧 하나님임을 강조하고, 그러기에 죄를 용서하는 권세가 그분에게 있다고 단언한다. 요한의 안내를 따라가노라면 예수님의 정체, 예수님께서 말씀하신 구원의 속성을 정확히 알 수 있다.

사도행전 부활한 예수님께서는 하늘로 올라가시고 제자들은 덜렁 이 땅에 남았다. 줄곧 예수님을 따라다니며 온갖 기적을 목격하고 그 메시지를 두 귀로 또렷이 들었지만, 막상 스승이 십자가에 달리게 되자 줄행랑을 쳤던 이들이었다. 그런데 어느 순간, 그

오합지졸들이 변해 죽음도 무릅쓰는 용사들이 되었다. 이들에게 무슨 일이 있었던 걸까? 이들은 어떻게 예수님의 메시지를 온 세상에 퍼트렸을까? 교회는 어떻게 태어나고 성장했을까? 사도행전은 그 비밀을 알려준다.

로마서 로마의 그리스도인들에게 보낸 바울의 편지. 구원의 메시지는 사방팔방으로 무섭게 퍼져나갔고 그리스도인의 숫자는 점점 더 불어났지만, 그와 함께 정리해야 할 신학적인 문제도 많아졌다. 뛰어난 전도자이자 신학자였던 바울은 구원이란 무엇이며 무엇으로 구원을 받는지, 하나님의 은혜는 어떤 역할을 하는지, 의로운 생활의 의미와 가치는 무엇인지 명쾌하게 제시한다.

고린도전서 고린도의 그리스도인들에게 보낸 바울의 첫 번째 편지. 고린도는 오늘날 뉴욕에 견줄 만한 대도시로, 살림이 풍요롭고 문화가 방탕하기로 소문이 자자했다. 이런 분위기는 교회 안에도 스며들어 고린도의 그리스도인 공동체는 갖가지 성적인 문제와 분열로 몸살을 앓았다. 바울은 이런 병폐들을 지적하면서 신앙의 본질과 질서를 지키며 은혜와 사랑에 기대어 살기를 촉구한다.

고린도후서 고린도의 그리스도인들에게 보낸 바울의 두 번째 편지. 서신을 보내 꾸짖고 타이르며 격려한 덕에 고린도 교회의 형편은 한결 나아졌다. 하지만 여전히 바울의 지적을 불편하게 여기고 그 권위를 부정하는 지도자들도 있었다. 현지를 살피고 돌아온 제자들에게서 그 사연을 전해 들은 바울은 다시 편지를 보내 그들의 불평에 일일이 답하고, 마땅히 가야 할 길을 제시한다.

갈라디아서 갈라디아 지역의 교회에 보낸 바울의 편지. 일찍이 바울은 갈라디아 지방을 두루 다니며 그리스도의 메시지를 전했고, 수많은 사람들이 이를 받아들여 그리스도인이 되었다. 하지만 얼마 지나지 않아 거짓 선생들이 나타나 모세의 율법을 지키고 예식을 따라야 구원을 얻을 수 있다고 가르치는 바람에 큰 혼란이 일어났다. 정말 그럴까? 바울은 전혀 다른 답을 내놓는다.

에베소서 에베소의 그리스도인 공동체에 보낸 바울의 편지. 같은 복음을 듣고 교회를 이루었지만, 유대인과 이른바 이방인들 사이에는 미묘한 생각의 차이가 존재했다. 바울은 그리스도를 통해 이미 한 몸이 되었으므로 구별은 무의미하며, 교회는 사랑의 원리로 움직여야 한다고 설명한다. 아울러 그리스도인으로 이 세상을 살아갈 힘의 원천이 무엇이며 어떤 무장을 해야 하는지 가르친다.

빌립보서 바울이 유럽에 세운 첫 번째 공동체인 빌립보 교회에 보낸 편지. 옥에 갇힌 바울은 빌립보의 그리스도인들이 보낸 선물을 받고, 감사의 뜻과 아울러 격려를 아끼지 않는다. 그리스도를 본받아 겸손한 마음가짐으로 서로 사랑하고 세워주며 하나님의 의로움을 드러내라고 권하는 한편, 종착점에 이르기까지 달음박질을 멈추지 말라며 기운을 북돋운다.

골로새서 바울이 이단에 시달리고 있는 골로새 교회에 보낸 편지. 골로새의 그리스도인들은 유대교를 비롯한 동방의 다양한 종교들이 뒤섞인 특이한 사상의 영향을 받고 있었다. 바울은 이들에게 예수 그리스도는 어떤 분이며 어떤 일을 하셨는지, 그 안에서 산다는 게 무슨 의미인지, 그 생명을 품은 이로서 어떻게 세상을 살아야 할지 이야기한다.

데살로니가전서 바울이 데살로니가 교회에 보낸 첫 번째 편지. 데살로니가 교회는 세워진 지 얼마 되지 않아 아직 단단히 여물지 않은 상태였다. 밖으로는 심한 박해에 시달리고, 안으로는 재림을 둘러싼 의문이 깊었다. 이를 전해 들은 바울은 한편으론 식구들을 격려하고, 다른 한편으로는 예수님께서 어떤 모습으로 세상에 다시 오실지, 그때 살아 있는 또는 세상을 떠난 그리스도인들은 어떻게 그분과 함께하게 될지 설명한다.

데살로니가후서 바울이 데살로니가 교회에 보낸 두 번째 편지. 첫 번째 편지로는 하고 싶은 말을 다 하지 못했다고 생각했던 걸까? 바울은 다시 서신을 보내 주님이 틀림없이 다시 오셔서 세상을 심판하신다고 강조한다. 아울러 데살로니가의 그리스도인들을 위로하고 용기를 북돋우며, 낙심하지 말고 선한 일을 하라고 권한다.

디모데전서 바울이 '아들'이라고 부를 만큼 아끼고 신뢰하는 제자 디모데에게 보낸 첫 번째 편지. 에베소에서 그리스도인들을 돌보고 있는 디모데에게 바울은 거짓 선생들과 거짓 가르침을 경계하며 기도하고 예배에 힘쓰길 당부한다. 또 한편으로는 여러 교회의 직분을 열거하면서 어떤 자격을 갖춘 인물들이 그 자리를 맡아야 하는지 설명한다.

디모데후서 삶의 마지막 시기를 마주한 바울이 사랑하는 제자 디모데에게 보낸 두 번째 편지. 바울은 디모데를 향한 따뜻한 마음을 솔직하게 표현하면서 어서 와 자신을 만나달라고 부탁한다. 그러면서도 스승다운 면모를 잃지 않은 바울은 타락한 세상을 살더라도 은혜로 굳세져서 고난을 달게 받으며 살림살이에 얽매이지 말고 말씀을 선포하라고 훈계한다.

디도서 바울이 자신을 통해 예수님을 믿고 교회의 지도자가 된 디도에게 보낸 편지. 바울은 크레타 섬에서 활동하고 있는 디도에게 하나님의 말씀에는 거짓이 없음을 강조하고, 어떤 인물들을 리더로 세워야 하는지 설명하면서 선한 말과 행동의 모범이 되길 당부한다.

빌레몬서 바울이 부유한 그리스도인 빌레몬에게 보낸 편지. 희한하게도 달아난 노예 오네시모를 관대하게 처분해달라는 부탁을 담고 있다. 로마법대로라면 마땅히 사형감 이지만 자비를 베풀라고 권한다. 노예의 빚을 자신이 갚아주겠다고 약속까지 한다. 목 숨으로 갚아야 할 죄를 지은 죄인의 편에 서서 변호하며, 대신 짐을 지겠다는 바울의 모습. 어디서 많이 보던 장면이지 않은가?

히브리서 유대인 그리스도인들에게 예수님이야말로 구약성경이 줄곧 예언해온 바로 그 메시아이며 구원을 이루실 분임을 설명하는 편지. 서신의 형식을 띠고 있지만, 누가 누구에게 보낸 글인지를 두고는 의견이 분분하다. 제사장, 언약, 희생제물, 멜기세덱 등 등 유대인들에게 익숙한 개념을 동원해 구원의 진리를 설파하면서, 예수님을 신뢰하며 소망하라고 가르친다.

야고보서 예수님의 동생 야고보가 곳곳에 흩어져 살고 있는 유대인들을 염두에 두고 쓴 편지. 핍박과 시련 속에서 믿음을 가지고 인내하는 삶을 이야기한다. 말, 인간을 대하는 태도, 한결같은 마음가짐, 말씀에 따라 사는 그리스도인의 행동 양식에 관한 가르침이 상당 부분을 차지한다. 믿음과 행위가 구원과 어떻게 연결되는지에 관해서도 관심을 둔다.

베드로전서 예수님의 제자 베드로가 박해를 당하는 그리스도인들에게 보낸 첫 번째 편지. 교회가 막 세워져갈 무렵, 그리스도인이 된다는 건 엄청난 핍박과 시련을 감수해야 하는 모험이었다. 그럼에도 불구하고 예수님의 뒤를 따르기로 작정한 그리스도인들에게 베드로는 뜻밖의 위로와 격려를 전한다. 언젠가 고달픈 세월이 닥치겠지만, 하나님은 어김없이 약속을 지키는 분이므로 그분을 바라보고 불같은 시련을 견디라는 것이다. 심지어 고난을 영광스럽게 여기라고 권한다.

베드로후서 베드로가 같은 뜻으로 예수 그리스도를 따르는 동료 그리스도인들에게 보낸 두 번째 편지. 세상을 떠날 날이 멀지 않았음을 감지한 베드로는 예수의 복음이 얼마나 진실하고 확실한지 다시 한번 강조한다. 아울러 거짓 예언자와 교사들의 속임수에 넘어가지 말고, 반드시 다시 오신다는 그리스도의 약속을 바라보라고 가르친다.

요한1, 2, 3서 예수님의 제자 요한이 거짓 가르침들을 경고하고 대처하기 위해 교회에 보낸 편지들. 요한1서는 하나님을 빛에 빗대면서 그 아들 예수님을 통해서만 빛 가운데 살아갈 수 있음을 분명히 한다. 사랑이야말로 빛의 자녀들의 증표라고 못 박고, 하나님께서 우리를 사랑하신 것처럼 서로 사랑하며 순종으로 그 사랑을 드러내 보이라고 명령한다. 요한2서는 속이려 드는 자들이 세상에 허다함을 지적하고, 그런 자들과는 단호하게 거리를 두라고 요구한다. 요한3서 역시 앞의 편지들과 맥락을 같이하면서 선한 것을 본받으라고 권면한다.

유다서 예수님의 형제 유다가 교회에 보낸 편지. 몰래 스며든 거짓 선생들이 그릇된 가르침을 퍼트리고 있음을 알게 된 유다는 곧바로 강력한 경계경보를 발령한다. 참 진리를 다시 한번 상기시키고 거짓말을 일삼는 교사들을 맹렬히 비난하면서, 믿음을 터로 삼으라고 주문한다.

요한계시록 장차 닥쳐올 세상과 관련한 하나님의 계시. 밧모 섬에서 귀양살이를 하 던 사도 요한은 어느 날 엄청난 환상을 보고 그 내용을 고스란히 글로 옮겼다. 사탄과 악이 하나님의 손에 완전히 소멸되고 새 하늘과 새 땅이 열리는 거대한 환상이었다. 창 세기에서 시작된 성경의 메시지는 마침내 종결되고, 승리의 노래가 울려 퍼진다. 독특 한 상징과 이미지로 숱한 예술작품의 모티브가 된 이 기묘한 책 속으로 조심스럽게 들 어가 보자.

BIBLE in Hand 교양인을 위한 성경

행진, 담대하게 거침없이

신약 | 사도행전

1쇄 발행일 2020년 4월 9일

펴낸이 최종훈
펴낸곳 봄이다 프로젝트
등록 2017-000003
주소 경기도 양평군 서종면 황순원로 414-58 (우편번호 12504)
전화 02-733-7223
이메일 hoon_bom@naver.com

책임편집 이나경 박준숙
디자인 designGo
표지 이미지 shutterstock
인쇄 SP

ISBN 979-11-963622-5-6
값 8,500원